能源生态与高质量发展
金融统计方法与应用　系列丛书

本专著由国家社会科学基金项目（22BTJ040）资助

中国制造业资源错配研究

——水平测度、对TFP的影响及改善路径

鄂慧芳　著

中国商务出版社

·北京·

图书在版编目（CIP）数据

中国制造业资源错配研究 : 水平测度、对TFP的影响及改善路径 / 鄂慧芳著. -- 北京 : 中国商务出版社，2025. --（能源生态与高质量发展系列丛书）（金融统计方法与应用系列丛书）. -- ISBN 978-7-5103-5682-7

Ⅰ. F426.4

中国国家版本馆CIP数据核字第20259ZG848号

中国制造业资源错配研究——水平测度、对TFP的影响及改善路径

ZHONGGUO ZHIZAOYE ZIYUAN CUOPEI YANJIU ——SHUIPING CEDUO、DUI TFP DE YINGXIANG JI GAISHAN LUJING

鄂慧芳　著

出版发行：中国商务出版社有限公司
地　　址：北京市东城区安定门外大街东后巷28号　　邮编：100710
网　　址：http://www.cctpress.com
联系电话：010-64515150（发行部）　　010-64212247（总编室）
　　　　　010-64243016（事业部）　　010-64248236（印制部）
策划编辑：刘文捷
责任编辑：刘　豪
排　　版：德州华朔广告有限公司
印　　刷：北京建宏印刷有限公司
开　　本：787毫米×1092毫米　1/16
印　　张：11　　　　　　　　　　　　字　　数：197千字
版　　次：2025年7月第1版　　　　　印　　次：2025年7月第1次印刷
书　　号：ISBN 978-7-5103-5682-7
定　　价：78.00元

丛书编委会

主　　编　王春枝

副 主 编　刘　佳　米国芳　刘　勇

编　　委　王志刚　王春枝　刘　佳　刘　勇　米国芳　陈志芳
　　　　　赵晓阳　郭亚帆　海小辉

序 Preface

　　在全球经济格局深刻变革、科技革命加速演进的今天，人类社会正站在一个新的历史节点上。一方面，传统经济模式面临着资源短缺、环境污染、生态退化等诸多挑战；另一方面，以绿色、低碳、可持续为核心的高质量发展理念，正成为推动全球经济转型的重要驱动力。在这样的时代背景下，能源、生态、金融统计等相关领域的研究，不仅是学术研究的前沿方向，更是实现经济高质量发展的关键所在。

　　能源是经济发展的基石，生态是人类生存的家园。在过去的几十年中，全球能源需求的快速增长与生态环境的恶化，已经对人类社会的可持续发展构成了严重威胁。随着全球气候变化加剧、生物多样性丧失以及资源短缺问题的日益突出，传统的发展模式已经难以为继。在此背景下，如何在保障能源供应的同时，实现生态系统的平衡与修复，成为全球关注的焦点。

　　近年来，中国在能源转型与生态保护方面取得了显著成就。一方面，中国积极推动能源结构调整，大力发展可再生能源，逐步降低对传统化石能源的依赖；另一方面，通过一系列生态保护政策的实施，生态系统退化的趋势得到了初步遏制。然而，面对全球性的挑战，中国的能源与生态转型仍面临诸多难题。例如，能源市场的波动性、新能源技术的成熟度、生态补偿机制的完善性等，都需要进一步的理论研究与实践探索。

　　在这样的背景下，"能源生态与高质量发展"系列丛书，旨在为学术界、政策制定者和从业者提供一个交流平台。通过深入探讨能源转型的路径、生态系统的价值评估，以及两者与经济高质量发展的内在关系，希望能够为实现绿色、低碳、可持续的经济发展模式提供理论支持与实践指导。

　　金融是现代经济的核心，而统计方法则是金融决策的基石。在当今复杂多变的经济环境中，金融市场的波动性、风险的不确定性以及数据的海量性，都对金融决策提出了更高的要求。金融统计方法，作为一门结合数学、统计学和金融学的应用科学，为解决这些问题提供了强大的工具。

随着大数据、人工智能和机器学习等新兴技术的快速发展，金融统计方法的应用范围不断扩大。从金融市场预测、风险评估到投资组合优化，从宏观经济政策分析到微观企业决策支持，金融统计方法都发挥着不可或缺的作用。

"金融统计方法与应用"系列丛书，通过系统介绍金融统计方法的理论基础、模型构建以及应用案例，希望能够为相关研究者提供一个全面、系统的视角，并通过本书找到适合自己的工具和方法，从而更好地应对金融领域的复杂问题。

本套丛书在编写过程中参考与引用了大量国内外同行专家的研究成果，在此深表谢意。丛书的出版得到内蒙古财经大学的资助和中国商务出版社的鼎力支持，在此一并感谢。受作者自身学识与视野所限，书中观点与方法难免存在不足，敬请广大读者批评指正。

丛书编委会

2024 年 12 月 20 日

前言 Preface

  制造业作为国民经济主体、工业经济支柱，是新时代中国稳步推进高质量发展的主力军。在发达国家重振制造业、国内制造业部分转移等国际竞争加剧及国际合作形势发生变化之际，中国制造业发展已进入攻坚爬坡阶段，亟须推动效率变革提高全要素生产率。资源配置是生产率提高的关键因素，在市场失灵下，帕累托最优很难实现，政府干预的正向矫正也很难完全扭转配置无效，资源错配已成为经济常态，其负面经济效应在不同经济体和国家间均得到了验证。本书从资源错配主题出发，重点分析了资源错配的测算、资源错配对全要素生产率的影响以及智造转型发展对资源错配的改善，为了解中国制造业错配问题提供了理论和经验依据。

  本书优化了测度资源错配水平的理论框架，拓展为资本、劳动、能源、其他中间投入及综合要素错配水平的测算；构建了资源错配影响全要素生产率的边际效应模型；在经济增长核算框架下分解出不同要素错配造成的全要素生产率损失。为改善资源错配，从"智造"转型视角依据发展数字经济及技术创新，通过构建、应用数字经济增加值及技术创新效率测算方法，检验了数字经济和技术创新发展对资源错配的改善效应及其引致的全要素生产率（TFP）提升效应。基于中国制造业两位数细分行业的研究结果表明：

  （1）制造业各行业存在不同程度、不同方向的要素错配，整体看并未有明显改善趋势。近五年的平均状态表现为：资本配置过度主要表现在重工业及高技术产业相关的行业，配置不足主要表现在轻工业；劳动配置过度主要表现在轻工业，配置不足主要表现在重工业及部分轻工业；能源配置过度主要表现在高耗能行业，如非金属矿物制品业，黑色金属冶炼和压延加工业，石油、煤炭及其他燃料加工业，在提倡节能减排绿色发展之际，提高能源使用效率是必然趋势，各行业均有待降低能耗；其他中间投入消耗的配置过度与配置不足主要表现在轻工业。综合各要素的配置来看，石油、煤炭及其他燃料加工业，橡胶和塑料制品业等表现为配置过度，纺织服装、服饰业，烟草制品业等表现为配置不足。制造业整体的要素错配程度由高到低依次表现为劳动、资本、能源及其他中间投入。

（2）以制造业各行业和按要素密集度分类的实证研究结果表明，要素错配显著地抑制了全要素生产率的提高，表现出边际负效应递减规律。行业创新、资本密集度、外向度及规模的提高可以弱化要素错配的边际抑制作用。经济增长核算框架下要素错配使全要素生产率损失了24.20%，其中，资本、劳动、能源及其他中间投入的损失效应分别为6.74%、7.78%、5.93%、3.75%。

（3）制造业各行业数字经济增加值规模差异显著，整体看，数字经济核心产业增加值由2012年的15 639.80亿元增加到2020年的25 365.82亿元，年均增长率为6.23%；产业数字化增加值由2012年的29 296.93亿元增加到2020年的62 055.19亿元，年均增长率为9.84%；制造业总体数字经济增加值由2012年的40 899.30亿元增加到2020年的80 777.22亿元，年均增长率为8.88%，占制造业增加值的比重由2012年的24.09%提高到2020年的30.32%。以制造业各行业数字经济增加值规模为核心解释变量构建的影响各要素错配的面板回归结果表明，数字经济发展可以显著改善行业的综合资源错配，尤其对劳动和其他中间投入的改善作用更显著，并能以此为介提高TFP。

（4）制造业各行业技术创新研发阶段、成果转化阶段及总技术创新效率水平整体呈改善趋势，分行业看效率水平最高的是计算机、通信和其他电子设备制造业，与其他行业差距显著；效率水平最低的是酒、饮料和精制茶制造业。分别以技术研发阶段、成果转化阶段及总技术创新效率为核心解释变量构建的影响各要素错配的面板回归结果表明，研发阶段效率的提高可以显著改善资本、劳动、其他中间投入及综合要素的错配，成果转化阶段效率的提高可以显著改善劳动及其他中间投入的错配，总技术创新效率的提高对四要素错配均有显著的改善效应；且三种技术创新效率分别能以其改善的不同要素错配为介提高TFP。

本书以资源错配的现状、影响及改进为逻辑展开了研究，优化了资源错配相关研究方法及模型，丰富了测算数字经济增加值及技术创新效率的方法，以中国制造业两位数行业为对象的实证研究的结果表明，各要素错配程度及对全要素生产率的抑制效应由大到小表现为劳动、资本、能源及其他中间投入，为进一步推进要素配置市场化改革、提高数字经济与技术创新发展等政策措施优化资源配置提供了差异化依据。

由于作者学识、水平有限，书中势必会有错误及疏漏之处，恳请国内外相关专家学者以及读者批评指正。感谢中国商务出版社为本书出版所做的辛苦工作。

鄂慧芳

于呼和浩特

2025 年 2 月

目录
Contents

1 绪 论

1.1 研究背景及意义

1.1.1 研究背景

制造业是国民经济主体、工业经济支柱，是新时代中国稳步推进高质量发展的主力军。当前中国制造业已形成 31 个大类、179 个中类和 609 个小类，是全球产业门类最齐全，产业体系最完整的制造业。近十年，中国制造业规模优势不断巩固，增加值从 2012 年的 16.98 万亿元增加到 2021 年的 31.4 万亿元，占全球比重从 22.5% 提高到近 30%，连续 12 年居世界首位。根据《全球制造业竞争力指数 2021》，2020 年中国制造业竞争力连续第四年保持在第二位，仅次于德国。高技术制造业发展迅速，研发投入不断加大，人工智能、物联网、云计算、大数据、5G 等先进技术不断融入制造业生产的各个环节，推动着制造业创新能力提高和转型升级，根据《2021 中国制造强国发展指数报告》，2020 年，中国制造强国发展指数为 116.02，比 2019 年提高了 5.18，与其他世界主要制造强国发展指数相比增幅最大。在新发展格局下，国民经济的稳定增长需要保持制造业比重基本稳定，不断巩固和壮大制造业的实体经济根基地位。

2008 年金融危机的爆发，促使美国矫正制造业"空心化"趋势，从过度依赖虚拟经济转向回归实体经济，提出制造业回归的"再工业化战略""先进制造业领导力战略"，旨在重塑实体制造经济，促使大企业从国外回归，并重点打造高端制造业。2012 年英国推出《英国工业 2050 战略》，提出英国制造业发展与复苏政策，主要观点是科技改变生产。2013 年，德国正式提出"工业 4.0"，并列入《德国 2020 高技术战略》，旨在提升制造业智能化水平，提高德国工业竞争力，2019 年德国又提出"国家工业战略 2030"，以智能制造为主要抓手，争抢制造业竞争新高点。2015 年，中国发布《中国制造 2025》，是中国实施制造强国战略的第一个十年行动纲领，旨在扭转中国制造大而不强的处境，增强自主创新能力，突破核心技术瓶颈。2022 年，党的二十大报告提出："建设现代化产业体系，坚持把发展经济的着力点放在实体经济上，推进新型工业化，加快建设制造强国、质量强国、航天强国、交通强国、网络强国、数字中国。"发展制造业实体经济已成为世界主要经济体的重要战略目标，这加剧了国际制造业的竞争，给中国制造业发展带来了严峻的挑战。

当前，经济发展的内外部环境发生了深刻变化，国际形势变幻莫测，后疫情时代世界经济复苏面临巨大阻力，中国制造业存在一部分外流现象。中国制造业依赖初级生产要素的低成本优势正在发生转变，劳动力和隐性生产成本的提高促使部分制造业转向越南等东南亚低成本发展中国家。2021年，越南制造业平均工资为1 800元，中国为5 437元，越南劳动力更廉价，且为吸引外资，越南等东南亚新兴经济体制定了很多优惠政策，包括较低的关税，如越南的出口关税低于中国10%～25%，获得产品价格上的优势[①]。全球性的新冠疫情加剧了贸易保护主义，部分发达国家重塑制造业产业链，推动制造业回归本土，以维持其核心竞争优势，增进本土就业。面对部分制造业转移，中国推出了供给侧结构性改革等一系列措施，以支撑制造业高质量发展，获得竞争优势。包括淘汰落后和产能过剩企业；专项引领和推动重大关键工程，提高创新能力；优化人才供给体系，培养高素质专业技术人员；整合产业资源配置，扩大开放政策，引进优质制造；不断完善制度环境，保障产业链整体提升。

成为引领世界发展的制造业强国是中国的发展目标，《中国制造2025》提出，到2025年要迈入制造强国行列，到2035年要达到世界制造强国阵营中等水平，到新中国成立一百年时，中国制造业大国地位更加巩固，综合实力进入世界制造强国前列。在发展战略目标驱动下，取得的既有成就需要巩固和加强，同时要认清与世界先进水平的差距。中国制造业技术含量和附加值偏低，处于产业链和分工体系的低端；技术创新能力不足，核心技术专利偏少，关键设备和零部件受制于国外；能源消耗和环境污染偏高，2020年，中国一次能源消耗和二氧化碳排放量居世界首位，其中制造业能耗和排放占比均在50%以上[②]；生产要素成本提高，劳动力供给总量下滑，资金链趋紧，土地价格趋高；受疫情冲击和"逆全球化"思潮扩散，内外需求同时缩紧。当前，制造业发展进入爬坡攻坚阶段，依靠增加生产要素投入来扩大生产规模和实现经济增长的"粗放型增长"方式已不再适应高质量发展需求，通过技术进步提高生产要素质量和使用效率，优化资源配置，践行可持续的"集约型增长"模式是必然趋势。

实现集约化高质量发展要推动质量变革、效率变革、动力变革，提高全要素生

---

① 中国制造业行业研究报告（2022）[R/OL]. https://www.apexandconsulting.com.
② 根据BP—*Statistical Review of World Energy 2021* 整理计算获得。

产率，建设现代化经济体系，且需要实现"四个转向"，认清"四个机制"①[1]，其中资源配置方式是关键变量。2020 年 4 月 9 日，中共中央、国务院印发《关于构建更加完善的要素市场化配置体制机制的意见》，为土地、资本、劳动力、技术、数据等生产要素的市场化配置给出指导意见。2020 年 5 月 18 日，印发《关于新时代加快完善社会主义市场经济体制的意见》，指出我国市场体系还不健全、市场发育还不充分，还存在要素流动不畅、资源配置效率不高等问题，强调以要素市场化配置改革为重点，实现要素价格市场决定、流动自主有序、配置高效公平。2022 年 4月 10 日，印发《关于加快建设全国统一大市场的意见》，指出打造统一的要素和资源市场，包括对劳动力、资本、土地、技术、数据、能源及生态环境市场建设的指导，旨在破除影响资源有效配置的障碍，提高配置效率。

资源错配是普遍现象，不同经济体均存在不同程度的错配，在经济高速增长阶段，一部分资源错配的负向效应被忽略，但在高质量发展阶段，资源错配造成的负面影响会日益凸显[2]。社保、医疗、入学、落户等相关的户籍管理政策制度会影响人才的自由流动，造成劳动力错配，尤其是高技术人才的供需矛盾。资本在不同所有制企业和行业间的政策差异会通过不同成本负荷阻碍企业融资，降低了资本配置效率。核心能源技术不足阻碍了能源结构优化，凸显了能源要素使用与节能减排的矛盾，加剧了"双碳"目标压力。技术交易市场缺失阻碍了技术转移，技术进步的溢出效应被打折。数据要素的定价、交易和使用还未成熟，未被充分挖掘利用，造成了数据资源的浪费。同时，已有研究表明，改善资源错配可以充分提高全要素生产率，在不同国家制造业、农业、工业、不同所有制企业间均得到了验证[2]，由此可知，资源配置的优化还有很大的提升空间，配置效率的提升会通过提高全要素生产率为高质量发展奠定基础。

《中华人民共和国国民经济和社会发展第十四个五年规划和 2035 年远景目标纲要》（简称《纲要》）提出"加快推动数字产业化""推进产业数字化转型"，制造业数字化转型作为产业数字化的重点内容，将成为中国制造业实现新发展的重要窗口。当前，新一轮依托技术创新竞争的产业革命正在兴起，制造业的数字化、网络化、智能化是重要内容。中国制造业企业在应用先进技术实现智能制造之后，效率可提升约 20%，成本和耗能可分别下降约 20% 和 10%。2021 年，中国制造业中的数

---

① "四个转向"：社会主要矛盾、资源配置方式、产业体系、增长阶段。"四个机制"：社会主要矛盾的性质决定了资源配置方式的选择，资源配置方式决定产业体系特征，产业体系特征与经济增长阶段一致，高速增长引起社会主要矛盾转化。

字化普及率已超70%，重点领域关键工序数控化率达到55.3%，数字化研发普及率高达74.7%[①]。制造业的数字化与智能化转型发展，能否改善制造业企业的资源配置效率、释放生产率活力，对这一问题的分析有助于了解数字技术发展及创新研发投入的经济效应，同时为制造业数字化和智能化发展提供理论支持和经验依据。

在中国制造业国际竞争加剧、制造业部分流失、多方面发展短板突出的内外不友好处境下，在政策力推及引导优化资源配置、鼓励数字化及智能化转型升级之际，本书将分析中国制造业的要素资源错配程度及其带来的效率损失，并探索资源错配的改善路径，以期为优化资源配置，巩固和加强中国制造业高质量发展提供经验依据。

1.1.2 研究意义

资源的优化配置是经济学研究的基本问题，新古典经济学框架下的完全竞争市场假设使资源配置的帕累托最优状态成为可能，但在现实的经济运行过程中，由于市场失灵和政府干预双重因素影响，资源配置偏离最优状态是常态，且具有很强的传导性与扩散性，造成一系列的经济结构性矛盾与问题。在完备市场经济条件较难实现的现实下，资源错配程度可以被尽量降低，为转变经济发展方式、优化经济结构、转换经济增长动力提供支撑。

1.1.2.1 理论意义

资源错配是经济学研究的热点问题之一，本书从经济学理论及研究实践出发，分析中国制造业的资源错配现状、影响及改进措施，符合制造业发展的经济学主题研究，有利于把握中国制造业主要生产要素的配置状态及其生产率影响，为优化资源配置实践提供理论依据。

本书系统整理及评述了导致资源错配的来源、资源错配的测度方法、资源错配的经济影响及资源错配的改进研究。错配来源的归纳有利于从多因素视角了解导致资源错配的影响因素，并为优化配置选择提供参考；从已有资源错配测度方法中总结归纳，指出现有测度方法的优缺点及适用条件，为后续扩展生产要素及错配测度提供理论支持；资源错配对全要素生产率的损失效应已被很多研究讨论与分析，本书进一步梳理了资源错配与全要素生产率的关系，明晰了资源错配对全要素生产率

---

① 中国制造业行业研究报告（2022）[R/OL]. https://www.apexandconsulting.com.

的影响机制，为理论模型的优化与构建提供了支撑；资源错配的改进研究为从那些相关变量优化资源配置提供了依据，也为相关政策的制定与实施提供了理论支持。对上述问题的整理与分析，有利于了解资源错配研究现状，为资源错配相关研究提供了研究范式。

完善了资源错配测度及其影响全要素生产率的理论研究，丰富了资源错配相关理论分析模型。已有研究多从资本、劳动要素错配出发分析其错配程度及其对全要素生产率的影响，本书构建了资本、劳动、能源及其他中间投入的错配测度模型及其与全要素生产率之间的关系，丰富了投入产出指标体系，可以较全面地了解主要生产要素的配置状态及其影响。在"双碳"目标驱动下，能源要素的优化配置及提高使用效率变得尤为重要；制造业对中间投入消耗较大，优化中间投入配置分析使生产率提高多了一条要素优化路径。构建了资源错配系数影响全要素生产率的边际效应模型，且通过构建综合资源错配系数避免了单要素分析的片面性，优化了相关研究的理论模型。同时，丰富了全要素生产率的分解模型，分解出资本、劳动、能源及其他中间投入错配对全要素生产率变化的综合及单独损失效应。

丰富了优化资源配置的路径研究，为资源配置改善路径提供了理论支撑。加快制造业数字化及智能化转型，推动制造业数字产业化发展、产业数字化发展及技术创新，是实现制造业高质量发展的必要措施，本书通过构建及应用测度各行业数字经济增加值及技术创新效率的方法，分析了数字经济发展与技术创新提高对资源错配的改善效应，有利于探索及验证资源配置的优化路径，同时，从优化资源配置实证检验视角支撑了制造业的数字化与智能化发展趋势。

1.1.2.2 实践意义

当前，中国发展的内外部环境发生深刻变化，外部不确定性因素较多，全球政治经济秩序加速变革，新一轮技术和产业革命改变了传统的生产、生活方式，且发达经济体加大了对关键领域的技术封锁，阻碍了技术要素的扩散及应用；内部技术创新频现瓶颈，高端产品稀缺及供给不足，中低端产品产能过剩，创新进步进入爬坡攻坚阶段。在国际竞争加剧、国内经济提质增效的双重压力下，制造业作为实体经济支柱实现高质量发展是必然选择及趋势，需要实现党的二十大报告提出的"着力提高全要素生产率"。资源配置是影响全要素生产率的关键因素，配置效率的提高可以促进生产率不同程度的提升，研究资源错配是改善资源配置及提高全要素生产率的必然实践选择。

在构建"国内国际双循环新发展格局"下，优化资源配置有助于畅通生产要素的国内大循环，促进经济循环的畅通无阻及形成有效的资源供给能力。"双循环"依托于继续深化供给侧结构性改革，提升企业全要素生产率，促进国内市场的高质量供给，其中，需要促进生产要素的市场化配置，破除形成资源错配的体制机制障碍，助力形成高效规范、公平竞争、充分开放的全国统一大市场，以有效降低全社会生产交易成本，畅通各生产要素在生产、流通、消费和分配等环节的流动，推动产业链、供应链现代化，加速产业转型升级。

依靠大规模要素投入驱动经济增长的趋势在劳动力成本上升、资源受限及环境恶化等形势下变得不可持续，资源错配研究量化了不同要素配置改善的生产率效应，为促进生产要素优化配置的相关政策提供了经验支持。资源错配研究可以说明当前的生产要素配置是否处于效率不高的状态，说明配置改善影响下的经济发展潜力大小及提升空间，为优化资源配置提供动力；同时，为践行《关于构建更加完善的要素市场化配置体制机制的意见》《关于新时代加快完善社会主义市场经济体制的意见》《关于加快建设全国统一大市场的意见》等政策提供了经验支持，不同要素、不同程度的错配与经济影响也为实施差异化的调控政策提供了依据。

制造业各行业发展差异显著，结合不同行业表现出的不同要素的错配程度、方向及全要素生产率水平，有利于对各行业分门别类地制定和实施差异化的发展政策。如缩减产能过剩行业的投入，缩减行业过剩要素的投入，加大高技术高效率行业的投入，优化高技术低效率行业的投入结构等，根据现有发展状态及未来发展需要，持之以恒重点攻关高科技行业发展问题，增加与其发展相匹配的要素投入并优化结构，助力摆脱关键领域的"卡脖子"困境，发展高端制造。

1.2　研究内容与结构安排

1.2.1　研究内容

本书围绕中国制造业资源错配问题，测算了制造业两位数行业的资本、劳动、能源、其他中间投入及综合资源错配水平，分析了错配程度、错配方向及趋势。构建及检验了资源错配对全要素生产率的边际负效应模型，在经济增长核算框架下分解出不同要素错配的全要素生产率损失。在制造业数字化与智能化发展背景下，讨论了数字经济发展与技术创新进步对资源错配的影响。基于如上分析，本书共设置六章内容展开研究。

第1章：绪论。首先，介绍了本书的研究背景及意义，指出了本书研究的重要性与现实性。其次，阐述了本书研究内容、研究方法及研究技术路线，明确了全书结构及主体框架。最后，总结本书研究创新点及不足之处，突出本书研究价值的同时，给出了下一步可以优化的方向。

第2章：文献综述。本章是本书的理论与文献基础。第一，以资源配置、市场失灵、政府干预相关理论奠定了本书研究的理论基础。第二，界定了本书研究的资源范围及资源错配，厘清了概念范围，避免引起歧义。第三，对资源错配的来源进行归纳整理，便于了解引起资源错配的多种及具体原因，以及认识资源错配的常态化。第四，梳理了资源错配的经济影响，根据资源错配与全要素生产率的理论关系渊源，分成对全要素生产率的影响及其他影响两类，重点分析了资源错配与全要素生产率的理论与经验研究，为本书研究资源错配抑制全要素生产率提高奠定了基础。第五，分类总结归纳了资源错配的测算方法，并对不同方法的优缺点及适用范围进行了评价，为本书的优化测算提供了参考。第六，整理了改善资源错配的相关研究，为本书改善资源错配的路径分析提供了借鉴。

第3章：资源错配水平测度。首先，构建了包含资本、劳动、能源及其他中间投入四要素的资源错配理论核算框架，以往较多研究中仅包含资本和劳动，部分研究增加了中间投入或能源，即最多进行三要素的分析。在单要素错配系数分析的基础上进一步构建了综合资源错配系数，综合了生产要素之间因替代或互补效应而相互作用的结果。其次，整理了制造业两位数行业的投入产出数据，在不同国民经济行业分类标准下整理出统一的行业分类，保持了行业分类与数据口径的统一。最后，测算及分析了不同要素在各行业的错配程度、错配方向及趋势，描述了各行业的要素配置状态。为了解近期的错配水平，计算并分析了近五年各行业、各要素的平均错配水平，并通过离散程度的计算，对不同要素的错配程度进行了排序。本章资源错配系数的计算同时为第4章、第5章的实证分析提供了数据支持。

第4章：资源错配对TFP的影响。拓展以往要素价格扭曲因子影响全要素生产率的边际模型，本书构建了资源错配系数影响全要素生产率的边际负效应递减模型，并由资本、劳动错配关系模型拓展至资本、劳动、能源、其他中间投入及综合要素错配的关系模型。在经济增长核算框架下分解出资本、劳动、能源、其他中间投入错配对全要素生产率的损失效应，弥补了因要素考虑不全而低估效率损失的缺陷。根据制造业两位数行业数据及按要素密集度行业分类数据，应用广义矩估计方法（GMM）检验了资源错配影响全要素生产率的边际效应，并引入行业相关的控制变量观察行业特征对资源错配效应的差异化影响。通过分解制造业总全要素生产率变化，测算出资源错配造成的总体效率损失及不同要素错配的效率损失。

第5章：资源错配的改善路径——基于智造转型视角。在了解资源错配水平及其影响的情况下，本章主要讨论资源错配的改善分析。在中国制造向中国智造转变、发展数字化与智能化的背景下，分析了制造业的数字经济发展水平及技术创新效率水平对资源错配的改善效应。一是数字经济发展水平测度。已有研究对数字经济增加值的测算主要在宏观层面，本书细化至制造业两位数行业的测算，根据行业增加值结构测算了制造业门类下部分两位数行业对应的数字经济核心产业增加值，即数字产业化增加值。根据数字技术（ICT）对各行业生产的渗透作用，测算了制造业各行业的产业数字化增加值。两者汇总得到制造业两位数行业的数字经济增加值规模。构建面板回归模型检验数字经济发展水平对各类资源错配及综合资源错配的影响及其进一步对TFP的影响。二是测算制造业两位数行业的技术创新效率水平，分技术研发过程及技术成果转化过程两阶段计算技术创新效率及总技术创新效率。构建面板回归模型检验各阶段及总技术创新效率水平对各类资源错配及综合资源错配的影响及其进一步对TFP的影响。

第6章：研究结论与政策启示。本章总结、概括了本书主要研究结论，结合经验研究结果，提出了优化资源配置的政策启示。

1.2.2 研究方法

本书从生产要素资源配置优化视角分析经济发展面临的实际问题。基于资源错配分析了中国制造业生产要素的配置现状、资源错配对全要素生产率的影响及其改善路径。通过文献分析法、数理模型分析方法、实证研究方法、比较分析法、经济增加值核算方法等展开了相关问题的分析与研究，使研究结论具有一般性和可靠性。具体研究方法如下：

（1）文献分析法。有关资源错配的研究已较丰富，大量研究以Hsieh和Klenow[3]、Aoki[4]的代表性研究为基础，在模型构建及应用层面上进行了改进及丰富，且近几年单要素错配与其他经济变量的相关研究较多。以已有研究为基础，本书对资源错配与全要素生产率的理论关系进行了详细梳理，并对经验研究结果进行了比较；对资源错配的不同测算方法进行了比较与评价。以上关键问题的文献评述为本书测算资源错配水平及其与全要素生产率关系模型的构建与优化提供了支撑。

（2）数理模型分析方法。对理论模型构建部分，本书首先以企业利润最大化决策为出发点，找出其在面临资源错配条件下的选择，根据市场一般竞争均衡条件，构建资源错配的计算模型。其次，构建包含消费者与生产者的竞争均衡模型，推导出资源错配对全要素生产率的边际影响效应。最后，在经济增长核算框架下，分解出各要素资源错配对加总全要素生产率变化的影响效应。

（3）实证研究方法。计量分析方法：首先，基于计量分析模型，检验了资源错配对全要素生产率的边际影响效应，并通过行业异质性分类分析，进一步检验了模型的稳健性。其次，通过构建面板回归模型分析了数字经济发展水平与技术创新效率水平对资源错配的改善作用。综合评价法：在可变规模报酬下，用超效率网络SBM—DEA模型计算制造业各行业的技术创新效率。

（4）比较分析方法。在不同行业间比较不同类型要素的错配程度，并结合各行业的全要素生产率，对各行业进行综合资源错配与生产率的分类比较分析。分类比较及检验数字经济发展水平与技术创新水平对不同要素错配的影响，以便区分改善错配效应的差异性。

（5）经济增加值核算方法。在制造业各行业数字经济增加值的核算过程中，首先，根据行业增加值结构测算出制造业两位数行业对应的数字经济核心产业增加值，即数字产业化增加值。其次，在经济增长核算框架下测度ICT资本服务对经济增长的直接增量效应，再计算总量效应，获得ICT资本的替代效应增加值。最后，在包含两类技术的CES生产函数下，分解出ICT行业TFP增长率中的数字技术生产率增长效应，进一步分解出非ICT行业ICT对TFP增长的贡献度，结合各行业TFP对GDP增长的贡献度，计算出非ICT行业的ICT资本通过效率提升间接带来的增加值增量及总量，即获得ICT资本的协同效应增加值。

1.2.3　技术路线

本书以资源错配为主线，在已有研究梳理及优化理论模型的基础上，测算了中国制造业两位数行业的资本、劳动、能源及其他中间投入的错配程度及其引致的全要素生产率损失，并在测算制造业各行业数字经济增加值及技术创新效率的基础上检验了数字经济发展与技术创新进步对资源配置的改善效应，以期探索优化资源配置的路径、改善资源错配及提高全要素生产率。

本书主体研究内容框架可以划分为五部分，第一部分表现为研究依据（第2章：文献综述），论述了资源错配的相关理论，界定了本书研究的资源范围，通过已有文献的学习对相关研究方法进行了归纳及评价，包括资源错配的成因、影响、测算及改善，为下文研究做了铺垫。第二部分表现为资源错配现状（第3章：资源错配水平测度），通过构建不同要素错配的测算框架，应用制造业数据测算出不同行业不同要素的错配水平，回答了资源错配研究中的"是什么"问题，便于了解制造业资源配置现状。第三部分表现为资源错配影响（第4章：资源错配对TFP的影响），由上文文献综述中梳理的资源错配与全要素生产率的理论关系及经验研究可知，资源错配对全要素生产率具有直接及显著的损失效应，已有研究时间较久远，对错配要素考虑不够全面，存在低估效率损失的问题，为本书扩展投入要素、优化已有研究模型提供了可行性依据。这一部分是资源错配的"会如何"问题，资源错配的负面影响为下文的优化改进提供了依据。第四部分表现为资源错配改善（第5章：资源错配的改善路径——基于智造转型视角），从数字经济发展和技术创新发展角度通过构建及应用相应的方法测算了数字经济增加值及技术创新效率水平，在面板回归模型基础上检验了两者对资源错配的改善效应及其进一步引致的TFP提升效应。在上文"是什么""会如何"的基础上提出了"怎么办"的问题，即可以通过发展数字经济和技术创新改善资源配置并进一步提升TFP。第五部分表现为"应当如何"（第6章：研究结论与政策启示），在总结本书研究结论的基础上，为改善资源错配，以宏观政策导向及本书结论为依据，凝练了相关的政策启示。

基于以上分析，本书构建了研究框架的技术路线图（图1-1）。

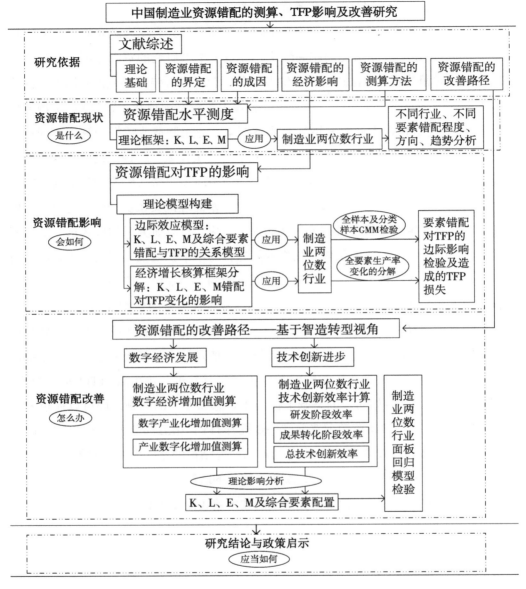

注：K：资；L：劳动；E：能源；M：中间投入。

图 1-1 技术路线图

1.3 主要创新点及不足

1.3.1 主要创新点

（1）优化了测算资源错配水平的理论框架，通过定义行业生产函数、加总生产函数、总量资源约束，构建了包含资本、劳动、能源及其他中间投入四要素的一般竞争均衡模型对要素错配进行了测算，可以较全面地了解各要素的错配状态，以往模型最多包含三要素的推导。在单要素错配的基础上构建了综合资源错配系数，综合了要素间替代或互补作用的相互影响，增加了生产要素整体错配情况的分析。

（2）构建了资源错配影响全要素生产率的边际负效应模型，并由以往资本、劳动错配影响关系模型拓展至资本、劳动、能源、其他中间投入及综合资源错配的影响关系模型，基于制造业两位数行业全样本及分类样本的检验，加入了行业特征变量识别错配影响程度差异。在经济增长核算框架下分解出资本、劳动、能源、其他中间投入错配对全要素生产率的损失效应，减少了因生产要素考虑不全而导致的全要素生产率损失偏差。

（3）构建了数字技术协同效应引致的数字经济增加值测算方法。在包含两类技术的CES生产函数下，借助标准化供给面系统方程估计出ICT行业的特征参数，定义并计算了ICT行业TFP增长率中的数字技术生产率增长效应，根据ICT资本对各行业的投入份额，进一步测算出非ICT行业ICT对TFP增长的贡献度，为产业数字化增加值中协同效应的测算提供了依据。以往测算主要集中在宏观领域或通过构建指标体系分析各地区、城市的数字经济综合发展相对水平，本书进一步细化到制造业两位数行业层面的宽口径数字经济增加值测算。

（4）研究路径与经验证据的更新。当前信息技术快速发展，与制造业的融合越来越深，数字化与智能化已成为发展趋势，是推动制造业高质量发展的关键动力，探讨数字经济发展水平与技术创新效率对优化资源配置的影响符合时代发展形势。通过文献梳理可知，与本书主题相关的研究数据结点主要集中在2007年和2013年，企业微观层面的研究因工业企业微观数据库更新较慢，研究结论易有时滞性，本书从行业层面对制造业两位数行业四类要素投入的错配相关问题展开了具有一定时效性的研究，提高了相关研究结论的参考价值。

1.3.2　不足

（1）本书构建的包含资源错配和全要素生产率损失的多行业竞争均衡模型，以同一行业内部生产企业不存在差异，即以同一行业各企业同质性假设为前提，该假设条件与企业实际生产活动有差异，未来可在逐步放松这一假设的条件下，基于微观企业数据展开研究。当前常用的工业企业微观数据库更新至2015年，存在时滞性，且被Chen等[5]认为自2008年以后数据质量在恶化，所以获得微观样本数据的路径需要进一步被拓宽。

（2）生产要素之间具有替代性与互补性，本书未充分考虑不同要素之间的协同效应，未来可在估计要素间替代弹性的基础上，分析不同要素间的交互作用及其影响。本书分析了资本、劳动、能源及其他中间投入四类生产要素资源，与以往研究相比虽有所增加，但还有像土地、数据、技术、企业家才能等要素未被引入分析，未来可进一步探索包含这些要素的理论模型构建，测度其错配水平及影响，全面掌握不同要素的配置状态，为提高资源配置效率探索更多要素的优化路径。

（3）本书测算的资源错配系数体现的是与行业平均水平相比较的配置过度或不足，该方法也是最常用的测算方法，部分研究对绝对错配系数的计算也是基于相对错配系数，所以，未来准确计算资源配置的绝对错配状态及寻找帕累托最优配置基准是难点，有待探索及创新。资源配置影响效率与公平，在多数情况下两者被认为是相互矛盾的，为了提高效率会容忍一定程度的不公平，或为了增进公平会牺牲一定程度的效率，本书分析了资源配置的部分效率问题，未来可增加对公平的影响及其与效率变动之间的互动关系，探索如何配置资源既可以实现效率提高又能兼顾公平。

（4）当前国际环境形势不确定性因素较多，如局部战争爆发、突发全球性疫情、逆全球化初显等，这些较难确定的偶然性因素对中国制造业发展的冲击会在一定时期产生何种影响，对资源配置的影响又如何，在整体布局下，面对类似这些因素的冲击，如何调整生产要素的配置以满足特殊时期的供给与需求，有待进一步深入研究。不同经济体在一定程度的资源错配甚至是有效率的，在具有明显资源错配的情况下实现了经济在特定时段内的快速增长，所以不同阶段发展目标下的资源错配效应有待被区别分析及进一步检验其真实效果。

2 文献综述

2.1 理论基础

2.1.1 资源配置

2.1.1.1 资源配置思想

古典经济学家亚当·斯密从"经济人"假设出发分析经济问题，这种思想在资源配置方面表现为通过市场"看不见的手"引导资源配置，在每个人以自由的方式追求自己的利益和竞争下，社会利益会得到增进，各经济因素能够保持平衡。他提倡资源的配置由自由市场经济体制所决定，不支持政府干预。大卫·李嘉图继承和发展了斯密的经济思想，认为在自由竞争环境下，市场价格的变动可以引导资源的优化配置，并使商品按需供应，既不过剩也不紧缺。他提出的比较成本学说促进了自由贸易与资源在世界范围的合理配置。

李斯特主张资源配置的国家干预，认为自由贸易不利于经济发展落后的国家，国家政权需要干预并应采取商业限制，以保护本国的工业。个人利益的最大化追求很少会考虑后代及全社会的利益，国家干预可对个人的自由加以限制，牺牲他们的部分收入与劳动，以利于国民经济的发展。该思想得到了罗雪尔、希尔德布兰德、卡尔·尼克斯的继承，他们认为，无论在国内还是国际贸易中，政府都应实施干预。在国内，政府需扶持和刺激工业发展，加强职业和技术教育，解决健康与住宅问题，以促进综合生产力的发展；在国际上，应采取贸易保护主义措施，以发展本国的贸易和工业[6]。

2.1.1.2 资源配置理论

瓦尔拉斯构建了资源配置的初步一般均衡理论，他认为各种市场中的各种价格是相互联系的，不能单独分析某一消费品或生产要素的均衡价格，必须从整体上分析总市场上所有价格之间的相互作用，并在各种资源配置的生产系数是固定的假设下，构建了静态一般均衡的理论模型，其主要成就在于"任何均衡价格的获得都要受到其他很多价格不同程度的影响"。帕累托进一步发展了瓦尔拉斯的理论，认为均衡价格既由需求规律决定，也由生产成本规律决定，还提出了"帕累托最优状态"，并引申出资源配置的最高效率观点。马歇尔用局部均衡分析法分析了均衡价格的需求与供给决定，讨论了市场上供求变动对价格的影响，指出只有当需求量与供给量、需求价格与供给价格都趋于一致时，才有均衡价格。

庇古从生产的角度分析了政府如何协调各种经济力量的活力以优化资源配置，增进社会福利。他通过社会边际净产值和私人边际净产值等工具研究资源最优配置问题，在私人边际净产值与社会边际净产值相等的假定下，研究社会边际净产值与最优资源配置之间的关系。在资源总量一定且可以自由流动下，当只有一种资源配置能使各部门的社会边际净产值相等，则这种资源配置是使国民收入最大化的最优配置。社会边际净产值以资源的边际增量所产生满足的货币计量，当任何一个部门的边际净产值小于其他部门时，总满足的货币计量可通过把资源从边际净产值小的部门转移到边际净产值大的部门，直至各部门的边际净产值相等，总满足达到最大化。

新古典经济学研究的微观领域的资源配置问题以"完全自由竞争的经济体下，市场价格机制的自动调节会实现所有资源的最优配置，实现充分就业均衡"为理论假定，1929年资本主义国家爆发的严重经济危机促使相关国家政府直接干预调节，使之前的理论假定与微观分析暴露出局限性。凯恩斯将微观分析转向总量分析，从总体上研究资源的充分利用问题，以解决面临的失业与经济危机，出版了《就业、利息和货币通论》，奠定了宏观经济学基础。他使用总供给与总需求的均衡分析方法，但着重分析总需求，提出了有效需求理论及政府需求管理政策。有效需求是当商品的总需求价格与总供给价格相等时的社会总需求，决定利润最大化下所提供的就业量。消费需求与投资需求不足是有效需求不足的主要表现，会导致失业与经济危机，此时需要政府扩大支出，以弥补有效需求不足。他认为政府在资源配置中，要进行适时的干预和调节，以财政政策为重点进行调控，且可以通过举债支出增加投资或消费倾向，以提高有效需求，增进就业[6]。

随着不同时期经济社会发展背景的变化及时代赋予的新内容，不同经济学流派层出不穷，从资源配置方面来考察，主要有两个派别的观点，一种观点是主张自由放任，以自由市场机制来调节资源配置；另一种观点是主张加上政府干预，认为实际的经济运行无法达到均衡配置。不同派别分析的工具及侧重点不同，产生了微观经济学和宏观经济学，均衡分析与非均衡分析等不同的经济理论体系。

2.1.2　市场失灵

在实际的经济生产环境中，自由市场机制很难实现资源的有效配置，出现市场失灵，主要原因包括不完全竞争、外部性影响、信息不完全和不对称及公共物品[7]。

2.1.2.1　不完全竞争

帕累托最优状态的资源配置是以市场完全竞争为条件的，在不完全竞争市场如垄断、垄断竞争与寡头垄断不能实现帕累托最优状态，市场出现失灵。在不完全竞争市场，厂商的需求曲线不是一条水平线，而是向右下方倾斜，在利润最大化条件下，边际收益等于边际成本，而不是价格等于边际成本，当价格大于边际成本时，资源配置是低效率的。

在完全竞争模型中假设生产要素是完全可以自由流动的，可以很自由地从一种产品转移到另一种产品，但实际的生产很难实现，尤其是劳动力要素，在职业或地理上具有不可流动性。如果劳动者没有必要的劳动技能以适应新的工作任务，或者说劳动者拥有不适应的技能无法获得工作维持生计，则说明经济是无效率的，资源没有实现充分配置，并导致结构性失业。随着消费者偏好发生转变，劳动者可能还会面临地理位置上的迁徙，如果存在一些障碍无法进行地域流动，将会导致区域性失业，易出现劳动力配置不合理。

2.1.2.2　外部性影响

外部性影响表现为经济活动对社会上其他人的福利造成了影响，却没有因此而承担后果或获得收益，外部性影响可以分为负外部性和正外部性。当某种行为的社会成本大于私人成本，采取该行为获得的私人利益大于私人成本小于社会成本，虽然不利于社会，但该行为通常会被实施，在这种情况下，显然没有实现帕累托最优，但也存在改进的余地。如果该行为未被实施，对私人的损失大于对社会造成的损失，同样存在减少每个人损失的重新配置空间，当前不是最优配置。反过来，当某种行为的私人利益小于社会利益，采取该行为所付出的私人成本大于私人利益而小于社会利益，则该行为通常不会被实施，尽管从社会的角度看该行为是有利的，但在这种情况下，分配依然存在改进的余地。如果该行为被实施，对私人的损失小于对社会带来的好处，则可以从社会上拿出一部分好处补偿行为人，使得行为人的状况变好而没有任何人的状况变坏，即存在帕累托改进。综上所述，在外部性影响下，帕累托最优很难实现。

2.1.2.3 信息不完全和不对称

市场的供求双方对于所交换的商品的信息很难做到完全掌握，存在信息不完全，或者某一方拥有更多的信息，存在信息不对称。在这种情况下，市场机制很难起到较好的作用。例如，对于生产者，因缺乏足够的信息不能及时捕捉到需求侧的产品需求升级，还将生产停留在原来低端的生产线，并持续投入过多的生产资源，最终使得产出无法充分销售，造成产出剩余；或者对某些产品的生产太少，不能满足需求。对于消费者，因信息不对称选择了"坏"商品而没有买到"好"商品；或存在逆向选择。对于劳动者，被"一视同仁"，不能根据工作效率的高低被差异化支付。现实的经济生活常常存在信息不完全与不对称，而市场机制本身能弥补的信息不足有限，因此需要市场之外的信息调控力量。

2.1.2.4 公共物品

对于公共物品，消费者消费一单位商品的机会成本为零，没有任何消费者会为他所消费的公共物品去与其他任何人竞争，所以市场是非竞争的。消费者会尽量少支付给生产者以换取消费公共物品的权利，如果所有消费者如此行事，则他们支付的费用不足以弥补公共物品的生产成本，公共物品的产出会低于最优产出，所以市场机制分配给公共物品生产的资源常常会不足，公共物品的生产通常由政府承担。

2.1.3 政府干预

政府干预的目的在于克服市场失灵，当资源得不到有效分配及利用，政府会出台政策来克服市场的无效率，使资源得到更好的利用。

税收和补贴：政府可以利用税收和补贴来影响产品的产量及消费水平，促使产量和消费向最优水平移动，避免过量生产或产量不足。征税，政府向生产者征收而生产者会在某种程度上转嫁给消费者。最常见的是对产生负外部性的产品和服务所征收的税，促使生产者承担的税负和生产该产品所产生的负外部性相等，让生产者支付产品的所有社会成本，使生产向最优生产水平移动。补贴的作用正好相反，政府给予生产者货币上的支持鼓励其进行生产，是与具有正外部性的产品及优值品相关的政策，在自由市场，这两种类型的产品容易产量不足，因此需要鼓励生产，直至达到最优的生产点。无论是税收与补贴，只要政府采取措施使得私人成本与社会成本相等及私人利益与社会利益相等，资源配置就能达到帕累托最优状态。

政府供给与成本—收益分析：由于"搭便车"等问题，自由市场不能充分地生产或是不生产公共产品，如教育、卫生保健、国防、基础设施建设等，需要政府来承担。政府需要决定生产什么以及生产多少，可通过成本—收益分析方法进行决策。该方法先估计一个项目的所有成本及可能带来的收益，两者进行比较决定该项目是否值得。公共物品可以看作一个项目，通过比较成本和收益选择能带来最大净经济福利的决策。

价格控制：政府可能会强行制定最高价或最低价。最高价不允许市场价格高于某个水平，当市场决定的价格过高，政府会做出降低价格的决策，尤其是对垄断企业，通过降价促使价格向边际成本移动或将一些超额利润重新分配给消费者。最低限价不允许市场价格低于某个水平，避免出现产能过剩，有利于扶持某些行业的发展，如农产品的限价，为避免"谷贱伤农"，保护和支持农业发展，通常会采取限制农产品价格的做法，包括指导种植什么以及种植多少，来保障农民的收益。例如，制定最低工资标准政策，确保有偿工作能达到一定的收入水平等。

对应市场失灵的原因，政府还可以通过信息供给和法律控制以减少市场失灵问题，促进交易在信息匹配下合理完成，引导生产按需求供给，避免无效供应或产出过剩等问题。通过制定反垄断法等反对不正当的破坏公平竞争的行为等。

以上是克服市场失灵问题对应的政府干预措施，以促进社会整体资源的优化配置。但政府的干预也会失灵，包括信息问题、分配问题、动机问题等。例如，在制定税率、给予补贴及制定限价时因信息掌握不全面或懒于收集全面信息而导致设置不合理，影响公平分配；政治家为自身政治前途考虑否定有价值的经济活动而导致资源不能被充分利用；地方保护主义及区域壁垒，阻碍公平竞争与资源自由流动等。市场失灵需要政府进行合法干预，但政府的不合理干预还有可能会恶化经济效率，导致资源错配程度更严重。

2.2 资源错配的界定

2.2.1 资源与生产要素

人们从事生产和经济活动必须依赖于资源。狭义的资源是指自然资源，包括水、空气、阳光、土地、森林等；广义的资源除了自然资源还包括社会资源，如资本、劳动力、信息、技术、知识等。社会资源的内容随着科学技术的进步在不断拓展。生产要素属于经济学的一个基本范畴，是指进行社会经济生产活动时所需的各种社会资源，包括资本、劳动力、土地、技术、数据等。从内涵上看生产要素是资源的一部分，《经济学解释》将资源定义为生产过程中所使用的投入，所以资源在经济学分析中常被视为生产要素的代名词，即将资源视同生产要素，本书旨在分析资源配置现状、影响及改进，所分析的资源是指生产要素资源，包括常见的生产投入资本、劳动、能源及其他中间投入，在经济学理论模型中，这些要素是影响企业生产函数的主要因素，是被广泛研究的要素资源。

2.2.2 资源错配

在完全竞争的市场条件下，当边际成本等于边际收益，所有单个市场同时均衡时，符合"帕累托最优状态"，在该状态下，任意改变都不可能使至少一个主体的状况变好而不使任何主体的状况变坏，全社会的效益最大。资源错配是相对于帕累托最优状态的资源配置，若当前的配置存在帕累托改进，说明存在资源错配，且根据当前配置与最优配置状态的差距，会有不同程度的错配。在实际生产中，由于市场失灵、政策或制度偏倚、不可控外界环境干扰等原因，资源配置很难达到最优，错配是常态，伴随生产率损失、产出缺口或冗余等现象。

已有研究将资源错配界定为两种：内涵型错配（狭义资源错配）和外延型错配（广义资源错配）。内涵型错配主要分析在位企业之间的资源配置，假定一个静态经济体，具有凸型生产技术，当不同企业的要素边际产出价值截面上不相等时认为存在资源错配，即要素配置未遵循等边际法则，此时资源可以在在位企业之间重新配置得到改善，代表性研究为 Hsieh 和 Klenow[3]。外延型错配包括三种情况。①企业的生产技术是凹型的，当企业的要素边际产出价值相等时，依然可以通过资源的重新配置实现总产量最大化，则认为存在资源错配。②当市场失灵或存在政策壁垒时，高效率的企业不能进入市场，低效率的在位企业虽然能达到边际产出价值相等，但整体经济的总产量未达到最优，则存在资源错配，常用于分析在位企业、进入市场和退出市场企业间的动态资源配置效率，代表性研究为 Banerjee 和 Moll[8]。③受政策性扭曲影响，阻碍企业的技术选择行为，影响企业自身的生产率进步，并引致资源错配及其程度加剧，代表性研究为 Ranasinghe[9]。本书对资源错配的界定主要参考 Hsieh 和 Klenow[3]，属于内涵型错配范畴。

2.3 资源错配的来源

资源错配的具体化来源有多种，且比较复杂，市场运行中的各种摩擦、扭曲及政策性约束都可能成为其来源，是多因素相互作用的结果。受经济发展程度制约，相较于发达国家，发展中国家要素市场不够完备，资源错配程度较高。部分研究不对资源错配的来源因素进行解释，直接默认存在资源错配进行研究，即分析所有潜在因素的综合影响；也有研究选择一些重要的因素直接度量其对资源配置的影响，分析资源错配的具体化来源因素，有利于探索改善资源配置的路径。根据已有研究成果，本书对资源错配的具体化来源因素整理归纳如下。

2.3.1 金融环境

Tarhan[10]以土耳其资本市场为例，讨论了发展中国家资本市场流动性不足、缺乏长期债务市场、将私营部门排挤出公开交易的债务市场等导致资本分配机制的扭曲和不对称。Faig 和 Gagnon[11]认为，银行贷款政策中抵押品的限制，抑制了获得担保贷款的机会，同时，预期受到信贷限制的投资者将投资更多地偏向于可用抵押品的资本形式，双向导致资本配置效率低下。张佩[12]、Jo 和 Senga[13]认为不公平的信贷约束导致了银行对企业的偏向性贷款，抑制了资本的有效配置，使得高效率企业不能通过借贷进行扩大生产。Buera 等[14]的研究表明，融资约束扭曲了资本和创业人才在生产单位之间的分配，对生产率产生了不利影响，且类似制造业经营规模较大的行业对融资需求较大，更易受到融资约束的影响。Sandleris 和 Wright[15]研究发现，阿根廷的金融危机给金融体系带来的资源错配是总产出下降20%的重要原因。Pratap 和 Urrutia[16]分析了金融危机带来的资金约束通过影响中间商品的购买导致资源分配不当，并发现日本和美国之间总生产率差异的大约九个百分点可以通过资源分配不当来解释。Oberfield[17]认为，金融危机下智利行业间资源分配效率的下降可以解释全要素生产率下降的1/3。Moll[18]从生产率冲击是否持久的角度分析得出金融摩擦导致的 TFP 损失从长期看会因自我融资被减弱，但在短期内造成的资本错配及其影响还是很大的。Midrigan 和 Xu[19]从两个渠道分析了金融摩擦降低 TFP 的效应，一是金融摩擦扭曲了企业进入市场和技术采用的决策；二是金融摩擦导致现有生产者的资本回报分散，从而导致分配不当造成生产率损失。Wu[20]认为，在中国工业企业中金融摩擦造成的资本错配占总资本错配的30%，造成 TFP 损失9.4%。Whited 和

Zhao[21]从金融负债角度认为，中国制造业存在较严重的债务和股权错配导致的资本错配，参照美国的效率将中国制造业企业的负债重新分配，发现通过提高效率可以实现51%～69%的增加值。

以上研究内容各不相同，但由研究结果可知，基本都认同信贷约束、金融危机等金融摩擦环境是导致资源错配的重要因素。

2.3.2　税收政策

Wilson[22]构建了税收竞争议价模型，当地方政府对税收具有一定的决定权，对所有企业按相同的税率征税，资本可以跨地区自由流动时，税率的地区差异会导致资本的低效配置，低税率地区使用过多资本，而高税率地区资本不足。Han和Leach[23]在Wilson的基础增加了异质性分析，如果地方政府可以与企业谈判给予差异化的税率，并在附加税的加持下，可以实现资本的优化配置。Guo等[24]发现，根据累进财政税收规则，资本和劳动力会从生产率较高的企业转移到税率和生产率较低的企业，导致资源配置不当，且当税收的累进性提高时，经济整体生产率会因低生产率企业低效地使用高水平生产资源而下降，且会减少经济的经营机构总数，进一步减少总产出。陈芳敏[25]通过行业和地区发展数据验证了增值税差别税率导致的企业增值税有效税率差异会改变产品和生产要素的相对价格，扭曲企业和消费者的行为，造成资源配置扭曲的效率损失。周雁南和雷根强[26]对中央与地方税收分成对资源配置效率的研究结果表明，地方政府受税收分成激励效应影响会偏向于扩张地区发展，采取偏向性政策扭曲企业的资源配置效率，虽在短期内能刺激经济增长，但在长期会造成整体生产率损失。李齐云和周雪[27]认为，受地方官员考核压力的影响，税收分权、增值税分成和企业所得税分成均会加剧资本和劳动力的错配，并通过抑制技术进步，阻碍全要素生产率的提高。李香菊和高锡鹏[28]构建了包含税收影响的竞争均衡资源配置模型，发现增强地区间税收竞争能力和增加企业所得税、个人所得税、增值税，有利于降低资本错配程度并间接提升全要素生产率，税收政策的普惠性、针对性及精准性能推动经济效率提高。

税收是财政收入的主要来源，作为经济杠杆，通过减税或增税影响经济主体的社会利益，通过以上研究可知，税收对资源配置具有显著影响，利用好税收政策提高资源配置效率是宏观经济调控的重要手段。

2.3.3　所有制

聂辉华和贾瑞雪[29]计算了规模以上制造业企业的全要素生产率离散程度，在所有制划分中，国有企业的 TFP 离散程度最大，是资源错配的主要因素。Li 等[30]对上市公司的分析得出，相对于非国有企业，国有企业的股权融资更容易获得政府批准，在资源配置上具有明显优势。靳来群等[31]基于异质性企业垄断竞争模型，根据工业企业数据发现所有制差异带来的制造业 TFP 损失每年在200%以上，并认为所有制差异导致资源错配的根本原因在于政府行政权力及国有企业垄断结合形成的行政垄断。陈诗一和陈登科[32]构建理论模型数值模拟出工业企业国有与非国有的资源错配使 TFP 损失19%。张天华和张少华[33]认为，偏向性政策使得工业国有企业的资本和劳动过度配置，当企业的国有资本比例下降时，资源错配的效率损失有下降趋势。Dai 和 Cheng[34]对制造业企业的研究表明，国有企业的资本和劳动存在过剩，而非国有企业的资本和劳动存在不足，国有企业的总生产率年平均损失为6.74%，非国有企业的总生产率年平均损失为18.69%。王文和牛泽东[35]以工业 A 股上市公司为研究样本，认为地方国有企业的资源错配程度高于其他所有制，不同所有制之间的资源错配可以解释工业 TPF 损失的25%。李青原和章尹赛楠[36]认为，政府的隐性担保和政策扶持，增强了资金实力雄厚的国有企业融资的便利性，在一定程度上阻碍了资本的市场化流动，而市场化程度较高的非国有企业面临较高的信贷歧视和融资约束。

以上研究表明不同所有制下资源配置效率存在差异，资源错配的程度及造成的 TFP 损失亦存在差异。中共二十大报告指出要"深化国资国企改革，加快国有经济布局优化和结构调整"，其中包括有效提升资本运作及资源配置能力，被认为具有资源获得优势的国有企业的改革将有利于解决资源错配带来的效率损失等问题。

2.3.4　行政干预

Robinson 等[37]认为，地区丰富的自然资源禀赋会促使政客过度开发，增进其执政价值及获得政治优势，在问责机制完善的国家可以避免由此引发的资源诅咒，相反，则会进一步加深其他经济领域的资源错配。Garcia-Santana 和 Pijoan-Mas[38]分析了印度对企业规模限制的小规模保留法（SSRL）对资源配置的影响，当消除规模限制的资源错配后，制造业的产出和 TFP 分别增加了6.8%和2%。韩剑和郑秋玲[39]对工业企业的研究表明，财政补贴、劳动力流动性管制、行政性市场进入壁垒等政府干预性因素会阻碍要素在行业间、行业内的自由流动，造成资源错配。雷达和张胜满[40]认为，地方政府财政分权改革后，地方政府掌握了资本和劳动力等生产要素的管制权和定价权，为了促进地方发展，尤其会通过压低利率和财政补贴促进企业投资，造成不同类型企业间资本配置的扭曲。刘阳阳[41]研究了行业的政策扶持对资源错配和产能过剩的影响，认为2008年金融危机之前，政策扶持促进了特定行业的发展，但在金融危机之后，政策扶持使被扶持行业的资本存量高出最优配置的23.1%，金融危机与政策扶持的交互作用加剧了资源错配与产能过剩。宋马林和金培振[42]对省际数据的研究结果表明，地方保护形成的市场分割将限制要素的自由流动，加剧区域资源配置扭曲，并抑制微观环境福利绩效。Wang等[43]研究了腐败、资源错配及生态效率之间的关系，结果表明腐败会加剧地区资源错配，引致生态效率的下降。Hao等[44]对地区腐败、资源错配和绿色全要素生态效率的研究结果表明，腐败会加剧地区劳动力错配对绿色全要素生态效率的抑制作用，但对资本错配的效应不显著。

不同形式的行政干预对资源配置的影响效果不同，在促进经济高质量发展之际，不符合市场规则和损害公共利益的逆向干预需要在政府的有效政策积极指导和市场化建设下逐渐被清除。

2.3.5　其他因素

资源错配的形成还与这些因素有关，通货膨胀[45]，投资者心理偏见[46]，户籍制度[47]，GDP晋升锦标赛[48]，贸易壁垒[49]，城乡发展差异[50]，地区基础设施质量差异[51]，环境政策及排放强度标准[52]，城市发展差距[53]，城镇化程度[54]，企业解雇成本[55]，房地产快速发展[56]，汇率变化[57]等，它们均对资源的有效配置产生了不同程度的影响。

2.4　资源错配的经济影响

2.4.1　资源错配对TFP的影响

根据Solow[58]新古典经济增长模型，经济增长的来源分解为劳动、资本和技术水平的贡献，技术水平即为索洛残差，是最初的全要素生产率，根据该模型，劳动、资本和TFP成为解释国家及地区发展差异的主要三因素。Krugman[59]认为，"东亚奇迹"的经济繁荣主要来源于资本、劳动要素的投入，缺少技术水平进步，在要素报酬递减趋势下，持续的经济增长更多依赖于生产率的提高。Hall 和 Jones[60] 对不同国家收入差异的研究结果表明，TFP 差异是收入差距的主要原因。蔡昉[61] 认为中国随着"刘易斯转折点"的到来和"人口红利"的消失，政府主导的投资型拉动经济增长的方式在资本报酬递减现象出现的情况下，不再具有可持续性，经济增长向 TFP 支撑转型是必然趋势。对于发展中大国，如中国和印度，适宜的技术进步偏向性，通过提高资源配置效率和技术进步率，促进了 TFP 的正向效应，提高 TFP 是中国经济转向高质量发展的重要政策着力点[62]。2010—2020 年间，中国经济潜在增速出现下调趋势，其中重要原因是 TFP 增速的快速下降，2010—2019 年 TFP 平均增速为 -1.64%[63]。在生产要素驱动的经济增长方式难以为继的背景下，提高 TFP 是经济保持中高速增长的主要途径。

提高 TFP 的发展驱动需要了解 TFP 的来源。Syrquin[64] 进一步推广了 Solow 的经济增长核算框架，将整个经济中的 TFP 总变动分解为各个行业本身 TFP 的变化和各行业资源的配置效应，此时 TFP 不再仅等同于技术水平。根据该核算框架，当各个行业的 TFP 水平保持不变时，如果资源能从低生产率的行业自由流动到高生产率行业进行重新配置，整个经济体的 TFP 就会得到提高，从改善资源配置视角提出了提高 TFP 的路径，是资源配置与经济增长、TFP 相关分析的开创性研究。Kendrick[65]、Denison[66] 对 TFP 变化的影响因素分析中均包括资源配置效应。TFP 的变化还可以借助 Malmquist[67] 生产率指数的分解。Färe 等 [68] 最早采用 DEA 方法计算 Malmquist 指数，并将其分解为技术效率的变化和生产技术的变化。Maniadakis 和 Thanassoulis[69] 将成本模型与 Malmquist 指数相结合，得出成本 -Malmquist 指数，并分两步将其分解为技术效率变化、配置效率变化、技术变化和价格变化的乘积。根据该指数可以了解 TFP 变化的影响，并能测度不同因素的影响程度，该方法需要各要素的价格信息，各行业或企业使用要素的价格较难估计，配置效率变化的 TFP 影响较难测算。如果单从 Malmquist 指数的分解效率来看，更多体现的是从技术进步视角探讨 TFP 的变化，配置效率变化的影响较难测算出来。所以很少从 Malmquist 指数分析配置效率的影响。

通过对 TFP 的分解可以了解资源错配的改善程度及其对 TFP 增长贡献的变化，间接了解资源配置状态的有效性。BHC[70]（Baily，Hulten and Campbell），GR[71]（Griliches and Regev），OP[72]（Olley and Pakes），FHK[73]（Foster，Haltiwanger，and Krizan）及 MP[74]（Melitz and Polanec）是常见的总 TFP 分解法，将加总 TFP 的变化分解为微观企业自身 TFP 的变化和资源配置效应的变化。聂辉华和贾瑞雪[29] 分别采用

OP分解法、BHC分解法及GR分解法对中国制造业TFP进行了分解，结果表明，中国制造业的资源错配程度较高，离最优配置还有很远的距离，但改善速度较快，总TFP的提高主要源于企业内部TFP的改善，企业之间的资源配置和企业净进入效应为负，总体表明中国制造业的资源配置效应没有充分发挥出来，还有很大的提升空间。陈斌开等[75]对BHC、GR、FHK和MP分解法进行了比较分析，用BHC和GR分解法对中国工业企业的TFP分解结果表明，企业间资源再配置对总体TFP的贡献为18.5%～31.5%，资源再配置效应对TFP的提高效应显著，净进入效应对总体TFP提高的贡献为27.3%～28.6%，说明高生产率企业的进入和低生产率企业的退出，促进了资源的优化配置，促进了生产率的提高。以上分解方法多基于微观企业数据，对数据的整理要求较高，当前微观数据库更新较慢，近几年分解方法应用较少。

通过在利润或成本函数中引入价格扭曲因子τ表示产出价格或要素价格偏离竞争均衡的价格扭曲，代表要素错配形成原因的综合影响效果。Hsieh和Klenow[3]引入产出价格扭曲和资本价格扭曲，构建垄断竞争均衡模型揭示企业间要素边际产出价值差异对总体TFP的抑制效应。要素配置扭曲差异化企业的要素边际产出价值，进而影响企业的全要素生产率价值，企业资源错配的递进式传导最终影响加总TFP，错配程度越高，企业全要素生产率价值越离散，加总TFP损失越大。通过异质性企业生产假设，将收入全要素生产率表示为扭曲因子的函数，当以美国为参考，中国工业企业的资本和劳动达到美国的边际产出水平时，中国工业TFP可提高30%～50%。该方法对后续分析资源错配与TFP的关系有较深的影响，简称为HK方法，广泛应用于异质性企业中资本、劳动、中间投入等要素错配对TFP及产出的损失分析中，并多数以扭曲因子为零值，即以不存在错配为参考，通过构建实际TFP与无错配理想条件下的TFP比值计算出错配情况下的TFP损失，同时根据损失程度的大小判断资源错配程度的大小。Aoki[4]从行业间存在资源错配出发，同样引入要素价格扭曲因子τ，表示要素价格的扭曲导致了资源在行业之间的错配，从而引致效率损失；将资源错配和效率损失与传统的Syrquin[64]经济增长核算框架结合起来，对资源配置效应进一步分解，获得各行业带有要素价格扭曲因子的资源错配变动效应和各行业产出份额变动效应，两者合计表示资源在行业间配置对TFP的影响，基于该核算框架，可以获得要素价格扭曲引起的资源错配对TFP的影响；实证研究结果表明，日本与美国TFP差异的9%源于资源配置不当。类似引入要素价格扭曲因子τ的方法可以统称为τ类分析，具有广泛的应用性，从相同要素价格在行业内或行业间存在差异、偏离竞争均衡价格引起资源错配视角分析引致的TFP损失，以上两篇属于各自方法的代表性文献，以此为参考，应用类似的方法分析资源错配对 TFP 影响的后续研究颇多，将相关研究整理如表 2-1 所示。

不同研究因数据使用、变量选择、应用模型、研究层面等差异，得出了不同的研究结论，但结果均表明资源错配对全要素生产率有抑制效应，造成了不同程度的损失。对资本、劳动要素的错配研究较多，个别研究增加了中间投入、能源及土地要素，不同要素的 TFP 损失也有差异。当前工业企业微观数据库更新至 2015 年，数据稍有滞后，且被 Chen 等[5]认为自 2008 年以后数据质量在恶化。自 Hsieh 和 Klenow[3] 和 Aoki[4] 的代表性研究之后，资源错配与效率损失的相关研究较多，并从企业拓展至行业、部门及地区间的错配，之后拓展到资源错配与其他经济变量之间的相互影响研究，其相关性研究分析的不断丰富为资源错配的改善提供了丰富的经验依据。

表 2-1　资源错配的 TFP 损失

文献	研究对象	不同要素错配的 TFP 损失	参考模型
陈永伟 胡伟民[76]	2001—2007 年 中国制造业规模以上年度调查数据	K、L、M：28%	Aoki
袁志刚 解栋栋[77]	1978—2007 年 中国农业部门与非农业部门间错配	L：2%～18%	Aoki
Brandt 等[78]	1985—2005 年 中国省际与省内非农行业错配	K、L：20%	HK
龚关 胡关亮[79]	1998—2007 年 中国制造业微观企业数据 制造业行业内错配	K、L：57.1%（1998） 30.1%（2007）	HK
邵宜航等[80]	1998—2007 年 中国工业企业微观数据 工业行业内错配	K、L：207.8%～237.0%	HK
张佩[12]	1998—2007 年 中国工业企业微观数据 工业行业间错配	K：17% L：1.6%	Aoki
靳来群等[31]	1998—2007 年 中国工业企业微观数据 所有制差异错配	K：50% L：100%	HK
王林辉 袁礼[81]	1978—2010 年 八大产业间错配	K：2.6%	Aoki
陈诗一 陈登科[32]	1998—2013 年 中国工业企业微观数据 工业企业总错配	K：18.70% L：9.05% E：15.41%	HK

续　表

文献	研究对象	不同要素错配的TFP损失	参考模型
刘宗明 吴正倩[82]	1998—2007年 中国制造业微观企业数据 能源行业内错配	K、L、M：48.70%～82.42% K：9.74%～20.85% L：6.82%～17.62% M：36.92%～48.38%	HK
王文 牛泽东[35]	2008—2017年 中国工业A股上市公司总错配	K、L：35%～90%	HK
陈汝影 余东华[83]	1998—2007年 中国工业企业微观数据 工业行业内错配	K、L、M：27.54%	HK
彭山桂等[84]	2007—2019年 105个重点城市	K、L、LD：19.03% K：4.86% L：5.91% LD：8.26%	HK

注：K：资本；L：劳动；M：中间投入；E：能源；LD：土地。

2.4.2　资源错配的其他影响

资源错配对产出损失的研究也较多，资本、劳动、中间投入对中国制造业行业间的产出损失为15%[76]；19个行业门类资本错配的总产出损失为1.37%，劳动错配的总产出损失为0.91%[85]；工业资本、劳动及中间投入的行业间和行业内产出损失分别为30.25%和7.42%[39]，工业行业间资本、劳动及中间投入错配的产出损失为11%[41]。工业行业间人力资源的错配会导致行业产出偏离最优产出，错配程度越大，产出损失越大，人力资本供给不足导致的产出损失程度大于供给过剩导致的产出过剩[86]。

发展中国家城乡资本配置扭曲的降低会减小工资不平等和降低城镇失业率，提高社会福利水平[87]。资本及产出扭曲倾向于缩小非国有企业规模，放大国有企业规模，使企业规模分布偏离生产率分布决定的最优分布，存在大小企业数量偏低而中间规模企业偏多的现状；且导致落后产能过度扩张，削弱了政府淘汰落后产能的政策效应[88]。相较于对高效率企业的影响，资本和劳动错配更倾向于延长低效率企业的存续时间，从而影响整体全要素生产率的提高[89]。地方政府以不合理价格出让土地导致的错配强化了以中低端制造业为主导的产业结构刚性，阻碍了产业结构的转型升级，2007年及2013年造成的总产出损失分别占GDP的1.79%及1.63%，土地资源的地区间及部门内的双重错配是导致我国近几年过早出现"去工业化"的原因[90, 91]。

本地和邻地政府的土地资源错配均会加剧本地雾霾污染，并且当地区第二产业在产业结构中比重较高时，土地资源错配会显著加剧雾霾污染[92, 93]。资本、劳动、能源错配对于资源型城市的经济转型均存在明显的抑制作用，且劳动错配抑制作用尤为明显[94]。土地、劳动力、机械及化肥的错配抑制了地区农业绿色全要素生产率的提高，且资源错配会产生负外部效应，影响邻近地区的农业绿色全要素生产率[95]。

2.5 资源错配的测算方法

2.5.1 TFP 的离散度

资源错配程度的测算有利于判断资源配置是否有效及进行相关分析。在完全竞争市场环境下，资源可以实现自由流动，从生产率低的企业流动到生产率高的企业，实现资源的最优配置，此时 TFP 在企业间是趋同的；当面临市场失灵或政府干预时，企业会一定程度地扭曲资源配置，导致 TFP 的分布状态趋于离散，所以可以通过计算企业间 TFP 的离散程度来刻画资源的错配程度，企业间的 TFP 差异越大，错配程度越严重。聂辉华和贾瑞雪[29]用 OP 方法估计了企业 TFP 之后，用 90% 分位企业的 TFP 与 10% 分位企业的 TFP 之比、TFP 的标准差度量了 TFP 的离散程度，对中国制造业的计算结果表明资源错配显著，但有改善趋势。韩超等[96]在前人研究的基础上，进一步使用了 TFP 四分位距的计算来表示 TFP 的离散程度。刘贯春等[97]，江艇等[53]，李青原和章尹赛楠[36]用 LP 方法和 OP 方法估计了中国工业企业的 TFP，并计算 TFP 的标准差表示资源错配程度，结果表明，资源在不同地区和不同类型企业间的错配程度存在差异。TFP 离散程度的测算还包括百分位矩、75% 分位数与 25% 分位数之比等。TFP 离散程度的计算多以计算企业层面的 TFP 为基础，对数据质量和纯度要求较高，且只能反映资源总体错配的程度，通过时间序列观察错配程度的变化趋势，不便于具体化分析各要素的错配问题。

2.5.2 引入要素价格扭曲因子

引入要素价格扭曲因子 τ 的测度。要素价格扭曲因子 τ 常以"扭曲税"的形式代表要素价格偏离竞争均衡价格的扭曲，同时表示要素错配程度。以资本要素为例，资本要素实际价格可以表示为 $(1+\tau_K)P_K$。参考 HK 方法，可得表达式：

$$1+\tau_{Ki}=\frac{\sigma-1}{\sigma}\frac{\alpha_{Ki}P_iY_i}{P_KK_i} \tag{2-1}$$

σ 为不同产品的替代弹性，α_{Ki} 表示资本的产出弹性，P_K 为资本的竞争均衡价格，其他要素的扭曲可类似表达。

当等号右侧的参数可被估计时，资本要素的价格扭曲程度即错配程度可被计算[35, 98]。当要素价格较难估计时，根据要素的边际收益产品可知：

$$MRPK_i=P_K(1+\tau_{Ki})=\frac{\sigma-1}{\sigma}\frac{\alpha_{Ki}P_iY_i}{K_i} \tag{2-2}$$

当要素配置有效时，要素的边际收益产品在企业间无差异，要素配置不当导致企业间要素边际收益产品有差异，所以可以通过要素边际收益产品的离散程度表示各要素的错配程度[79]。与 TFP 的离散程度相比，该方法可以测度不同要素的边际产品收益离散度，比较不同要素的错配程度差异，但也仅是通过时间序列变动趋势判断错配的改善或恶化趋势，没有具体的比较基准。

Aoki[4] 的核算框架常用于测度行业间的错配问题，定义要素价格绝对扭曲系数：

$$\lambda_{ji}=\frac{1}{1+\tau_{ji}} \tag{2-3}$$

要素价格相对扭曲系数：

$$\tilde{\lambda}_{ji}=\frac{\lambda_{ji}}{\sum_{n=1}^{N}(\frac{v_ns_n}{\tilde{s}})\lambda_{jn}} \tag{2-4}$$

其中，$v_n=P_nY_n/Y$，代表各行业的产值份额，$\tilde{s}=\sum v_ns_n$ 为各要素弹性系数产值份额的加权值，j 表示生产要素，s 表示各要素的产出弹性。

通过模型推导可得：

$$\tilde{\lambda}_{ji}=(\frac{j_i}{j})/(\frac{v_is_i}{\tilde{s}}) \tag{2-5}$$

在估计出要素产出弹性之后，要素价格相对扭曲系数便可计算出来，亦表示要素错配相对系数。该公式的分子表示各行业实际投入要素占总要素的比重，分母可以理解为各行业按产出份额及要素弹性获得的理论投入比例，若取值大于1，实际要素使用大于理论值，说明要素价格偏低，倾向于投入较多；若取值小于1，实际要素使用小于理论值，说明要素价格偏高，倾向于投入不足。该模型的应用较广泛，陈永伟和胡伟民[76]应用此方法测算了中国制造业各子行业资本、劳动和中间投入的相对错配系数，结果表明错配程度及方向在各子行业间差异显著。姚毓春等[85]用同样的方法测算了中国19个行业的资本、劳动错配程度，结果表明存在资本配置过度及明显不足的双重困境，劳动力错配程度的改善大于恶化，整体有改善趋势。王林辉和袁礼[81]测算了中国八大产业的资本错配程度，结果表明各产业均存在显著的资本错配且错配变化趋势不同，但整体呈现改善趋势。张屹山和胡茜[99]在前文研究的基础上提出应考虑要素的质量，故在模型中加入了资本、劳动的质量指数测算资源配置效应，从实证角度实现了张钟文[100]提出的包含要素质量的理论模型。

上文方法还应用于地区间要素错配程度的计算。白俊红和刘宇英[101]借鉴 Aoki[4]的方法，定义了资本和劳动错配指数：

$$\tau_{ji} = \frac{1}{\lambda_{ji}} - 1 \ (j = K, L) \tag{2-6}$$

该式为要素价格绝对扭曲系数的变形，通过中国各地区数据测算出相对扭曲系数，并作为绝对扭曲系数值估算出要素错配指数。潘雅茹和高红贵[102]用同样的方法测算了中国各地区的资本和劳动错配指数。这两篇文章分别列出了2014年和2017年的资源错配指数表。比较分析可知，2014年资本配置过度地区的比例为62%，劳动力配置过度地区的比例为52%，说明2014年我国多数地区处于配置过度的错配状态。2017年资本配置过度地区的比例为53%，劳动力配置不足地区的比例为83%，资本配置主要表现为配置过度，资本配置不足地区的比例较2014年有所增加；劳动力的错配主要表现为配置不足。将2014年和2017年的错配指数取绝对值之后计算几何平均值，发现资本错配指数降低了约90%，劳动力错配指数降低了约80%，说明2017年整体资源错配情况较2014年有了明显的改善。崔书会等[103]、胡本田和王一杰[104]采用上文同样的错配指数模型测算了地级市的资本错配指数和劳动力错配指数，前者认为在研究期间内资本错配程度整体呈现下降趋势，但中西部地区有恶化趋势；劳动力错配指数向零趋近，东部地区劳动力配置不足，全国及中西部常属劳动力配置过度。后者估计各地级市资本、劳动产出弹性时的生产函数假定规模报酬可变，与前文规模报酬不变不同，且劳动投入量用在岗职工平均人数度量，没用就业人数，统计口径不一；并用主成分分析法将资本和劳动力错配指数赋权合成综合资源错配指数进行分析。

Aoki[4]框架下引入要素价格扭曲因子 τ 的资源错配测度模型具有广泛的应用性，

该方法提供了相对最优配置的比较基准，可以通过不同要素的相对错配系数大小判断错配的程度和方向，并且根据相对最优配置基准，在同一个理想值下计算不同要素错配的离散程度，更具有比较性。相对错配程度表现的要素配置的冗余或不足是与所属行业或区域的平均水平相比较而判断的，较难判断绝对错配程度及给出绝对有效配置量。部分研究计算地区间要素错配程度时，将可计算的相对错配系数值作为绝对错配系数值来获得扭曲因子τ的估计值，在理论上稍有偏差，但应用较广泛。

2.5.3 其他方法

除了以上应用较广泛的测度方法外，对地区及部门间资源错配程度的测度还有一些其他方法。宋马林和金培振[42]将各地区要素市场发育程度与要素市场发育程度最高值的相对差距作为资源错配指标，计算公式为：

$$RM_{i,t} = [\max(factor_{i,t}) - factor_{i,t}] / \max(factor_{i,t}) \times 100\% \qquad (2-7)$$

$factor_{i,t}$为要素市场发育程度，该值在$0\sim1$之间，值越小说明错配程度越低，值越大说明错配程度越高。通过构建指标体系，从引进外资水平、人口结构变化、金融业活跃度、科技成果市场化等维度，选取相关指标利用全局主成分分析方法测算了资源错配程度。王颂吉和白永秀[105]假设经济结构中存在两个部门，即农业和非农业部门，总量及各部门生产函数用C–D形式，规模报酬不变。用要素边际收益差异表征资源错配程度。当生产要素错配时，部门之间的工资—利率之比存在差异。用$\dfrac{\omega_0}{r_0}$表示基准部门的工资—利率比，φ表示生产资源错配系数，则：

$$\frac{\omega_0}{r_0} = \varphi \cdot \frac{\omega_i}{r_i} \qquad (2-8)$$

根据φ的取值范围判断不同部门的资源错配情况，如果相对于基准部门，φ取值为1，则认为i部门不存在错配；φ取值大于1，i部门劳动力配置过足而资本配置过少；φ取值小于1，i部门资本配置过足而劳动力配置过少。在遵循部门收益最大化的原则下，化简可得：

$$\frac{\omega_i}{r_i} = \frac{MP_{Li}}{MP_{Ki}} = \frac{\beta_i}{\alpha_i} \cdot M_i \qquad (2-9)$$

M_i为部门i的资本劳动比，则有：

$$\varphi_i = (\frac{\beta_0}{\alpha_0} \cdot M_0) / (\frac{\beta_i}{\alpha_i} \cdot M_i) \qquad (2-10)$$

各部门及总量生产函数的产出弹性取值参考已有的研究成果，以全国平均工资—利率水平为基准测度全国农业和非农业部门的错配程度，以各省份平均工资—

利率水平为基准测度各省份农业和非农业部门的错配程度。柏培文和杨志才[106]同样从农业部门和非农业部门考察资源错配，但有几点不同：每个省份的生产函数服从固定替代弹性（Constant Elasticity of Substitution，CES）生产函数形式，农业部门生产函数考虑了土地因素；生产函数规模报酬可变；生产要素弹性通过回归获得。在部门产出最大化条件下得到最优的劳动力和资本投入比重，将其带入求解全要素生产率的模型，分别求得无劳动力错配、无资本错配状态下的 TFP，并将其与实际 TFP 相比之后的对数作为劳动力及资本错配程度的度量，值越小错配程度越低。

2.6　资源错配的改善研究

已有研究表明，资源错配对经济生产活动的负面影响显著，部分研究从相关变量分析改善资源错配的路径，近几年的主要相关分析整理如下。

约束性污染控制环境规制政策显著降低了被规制行业的资源错配水平，促进资本要素转向高生产率企业，提升被规制行业整体生产率水平的同时，也提高了高生产率企业的市场份额[96]。对外直接投资能显著改善中国整体资本和劳动力的资源错配，提高了资源配置效率，但改善效应存在地区差异，对东部地区的改善效应显著于中、西部地区[101]。产业协同集聚程度的提高会通过显著提高地区金融业的专业化分工改善资本和劳动力错配[103]，通过数字技术功能及其外部性修正资源错配[107]。地区一般性基础设施投资通过加快要素流动，促进形成产业集群、消除市场分割等方式促进资本和劳动力错配改善，对资本错配呈现先改善后恶化的非线性影响，对劳动错配呈现线性改善影响[102]。地方腐败程度越高，导致的资源错配程度越大，对生态效率的抑制效应越显著，杜绝腐败可以促进资源配置优化[108]。进口贸易自由化会通过资源再配置、产业聚集以及企业规模分布改善制造业企业的资本错配，且对中西部地区的改善显著高于东部地区，但会通过加剧劳动力市场分割恶化劳动力错配[109]。外商直接投资能够显著改善地区间的资源错配，且对资本错配的改善效果大于劳动力错配，对东部地区的改善大于中西部地区，对资源配置过度的改善优于配置不足的改善[110]。中国式分权整体上显著降低了地区资本、劳动要素的错配水平，财政分权的改善效应显著于行政分权，东部地区的效应显著高于中、西部地区[111]。外资银行进入（金融开放）显著降低了城市—行业层面的全要素生产率离散度，使资源配置效率得以提高，且对融资约束更强、违约风险更低以及会计信息质量更好的城市—行业具有更好的优化效果[36]。地区自贸试验区的设立可以通过推动产业结构升级对制造业劳动、资本及R&D投入错配起到缓解作用，且中、西部地区的缓解作用显著于东部发达地区[112]。地区数字普惠金融发展对资本和劳动错配具有显著的改善作用，对中、西部地区的改善作用明显高于东部地区，且对资源配置过度地区的改善作用明显高于配置不足地区[113]。并购重组是行业优化资源配置的重要方式之一，行业并购活跃度能够促进僵尸企业出清，增加低效率企业的融资难度，显著抑制资源错配[114]。

城市互联网的发展通过促进生产要素流动及市场整合改善资本配置扭曲，并有助于改善知识劳动力错配[115]。地区数字经济发展通过降低资本和劳动错配促进企业全要素生产率提高，非国有企业和竞争性行业的企业受数字经济发展的促进效应更显著[116]。城市数字经济发展对中西部地区、对一般城市和人口规模小于等于500万人的城市、对非国有制造业企业及垄断性行业企业的资源配置效率改善作用较显著，表现出显著的区域、城市及企业效应差异[117]；地区数字经济发展对资本、劳动的过度配置具有显著的改善作用，但对配置不足的影响未充分显现[118]。城市数字经济发展可以减少制造业企业资源错配，提高资源配置效率，进而能降低企业的碳排放强度[119]。地区数字经济发展通过提高市场化程度、促进金融发展、提高对外开放度等途径间接改善本地区的资本、劳动错配，但会加剧邻近地区的资源错配；数字经济对东部地区、产能过剩程度较高及配置过度地区的错配改善效应较显著[120]。产业智能化可以改善本地区的资源配置，但邻近地区的产业智能化会加剧本地区的资源错配；在资本配置过剩的地方，产业智能化发展有助于改善资源错配，同时可以通过改善环境污染来间接改善资源错配[121]。数字经济发展可以改变要素供给结构，克服"虹吸效应"圈层外扩，缓解资源错配，并形成"涓滴效应"来实现资源外溢，提高资源配置效率[122]。

上述相关变量分析为改善资源错配提供了可行路径，多数表现为政策性因素影响，宏观政策调控对资源的优化配置具有关键作用。近几年，数字经济发展成为热点问题，中共十八大以来，我国深入实施网络强国战略和国家大数据战略，先后印发了数字经济发展战略和"十四五"数字经济发展规划，全面推动数字经济蓬勃发展。至此，与数字经济相关的研究日渐丰富，数字经济发展对资源配置的影响研究多从宏观层面展开，通过构建指标体系测度地区、城市的数字经济发展水平，用综合评价值进行相关分析。对资源错配程度的测算主要针对资本、劳动力要素，借鉴的测算方法可以追溯至Aoki[4]的研究。提升制造业数字化、网络化及智能化发展水平是加速"制造"向"智造"转变的核心力量，在此过程中，技术创新是关键支撑，随着科技创新投入的不断加强和智能化加快推进，制造业会通过多条路径释放出发展的新动能，包括提升要素配置效率。

2.7　本章小结

本章从资源配置相关理论→资源错配的界定→资源错配的来源→资源错配的影响→资源错配的测算→资源错配的改善方面整理及评述了相关理论、概念及已有经验研究，试从"是什么、为什么、会如何、怎么办"的逻辑展开对资源错配问题研究的梳理，为后文研究做了铺垫。

科学合理配置资源是经济学研究的核心问题之一，需要市场和政府力量共同解决，即需要通过市场和非市场机制共同促进资源的优化配置。完全竞争市场在"看不见的手"的运行下，因市场失灵很难实现资源配置的帕累托最优，需要政府"看得见的手"的干预，但也会出现政府失灵。通过资源错配具体化来源的文献整理可知非市场化因素造成的资源错配也较显著，但很多理论和经验上被认为较重要的因素较难直接度量其影响，如制度等，且具体化单因素的影响分析未能比较被分析因素与未被分析因素的相对重要性。本书将分析所有潜在因素的综合影响，不聚焦于某种特定因素，重点关注资源错配的综合程度及其影响，而非造成资源错配的具体化个因，因任何潜在的扭曲市场的因素都会导致生产单位的要素边际报酬不等于均衡要素成本，且一些类似制度等重要因素的影响较难度量及较难分离出个别因素的单独影响程度，资源错配的现状更多体现的是综合影响结果，具有代表性且被引用较多的相关文献有 Restuccia 和 Rogerson[123] 及 Hsieh 和 Klenow[3]。资源错配具体化来源的分析同时表明帕累托最优很难在实际生产中实现，错配是常态，但可以不断优化和改进以降低错配程度及影响，促进社会的效率与公平，这也是本书研究的主要意图。

资源错配与全要素生产率的理论关系渊源最为密切，资源配置是全要素生产率表达式的一部分，所以资源错配的经济影响研究中关于全要素生产率的较多，主要从资本、劳动、中间投入要素展开分析，最多涉及三类要素；且近几年资源错配与其他经济变量的因果识别及检验研究较多，以探索资源错配的改善路径。在着力提高全要素生产率之际，研究资源错配的程度及其对全要素生产率的影响，仍具有重要的现实意义；且在"双碳"目标下，能源要素的使用面临较大的约束，所以从中间投入中分离出能源要素，进行资本、劳动、能源及其他中间投入四类要素错配的研究会进一步细化及充实已有研究。当前，制造业的智造转型已成为时代趋势，数字化与智能化成为主要转型路径，数字化与智能化发展对制造业资源的优化配置作用可被进一步研究与经验证实。

3 资源错配水平测度

在第 2.5 节中，本书已对资源错配的不同测算方法进行了归纳及评价，本章主要测算中国制造业的资源错配水平，借鉴 Aoki[4]、陈永伟和胡伟民[76]的研究，通过引入较全面的生产要素推导资源错配水平测算模型，以往研究最多分析三个要素，如资本、劳动及中间投入或资本、劳动、能源投入，本章从中间投入中分离出能源要素，在提高能源效率、秉承绿色高质量发展及实现"双碳"目标下，能源要素的剥离与分析有助于了解能源在不同行业间的消耗及冗余差异，有助于针对性地解决高能耗问题，且从已有研究可知中间投入（主要是原材料）的配置扭曲是制约制造业经济增长的主要原因[76]，所以四要素的分析会更加全面与完善；进一步在单要素错配的基础上构建了综合要素错配系数，刻画了生产要素之间替代或互补相互作用之后的综合错配情况。

本章构建了带有要素价格扭曲的 N 行业的生产模型，定义了生产函数、竞争均衡及要素错配系数，讨论制造业各行业、各要素的错配程度及差异，且计算结果为第 4 章、第 5 章的实证分析提供了数据支持。

3.1　理论框架

3.1.1　行业生产函数假设

假设整个社会经济体有 N 个行业，同一行业内部企业是同质的，每个行业由一个代表性企业进行生产，构建包含生产要素价格扭曲因子 τ 的生产模型如下。生产投入要素有资本（K）、劳动（L）、能源（E）及其他中间投入（M），四种要素的完全竞争均衡价格分别为 P_K、P_L、P_E、P_M，当存在要素价格扭曲，以类似从价税或从价补贴冲击（常用百分比来表示）表现时，四种要素价格分别为 $(1+\tau_{Ki})P_K$、$(1+\tau_{Li})P_L$、$(1+\tau_{Ei})P_E$、$(1+\tau_{Mi})P_M$，$\tau_{ji}(j=K, L, E, M)$ 代表不同方向使要素价格偏离竞争均衡价格的冲击，当取值为零时，要素价格在行业间无差异，可以实现生产要素的自由流动，实现资源的有效配置。设代表性企业的 $C-D$ 生产函数为：

$$Y_i = TFP_i \cdot K_i^{\alpha_i} \cdot L_i^{\beta_i} \cdot E_i^{\gamma_i} \cdot M_i^{\delta_i} \tag{3-1}$$

Y_i 表示产出，α_i、β_i、γ_i、δ_i 分别表示四种要素的产出弹性，$i=(1, 2, \cdots, N)$。

解代表性企业利润最大化问题：

$$\text{Max}\,\pi_i = P_i Y_i - \left\{(1+\tau_{Ki})P_K \cdot K_i + (1+\tau_{Li})P_L \cdot L_i + (1+\tau_{Ei})P_E \cdot E_i + (1+\tau_{Mi})P_M \cdot M_i\right\} \tag{3-2}$$

结合式（3-1）、式（3-2），对各投入要素求一阶偏导数可得：

$$P_i\left(\frac{s_{Ji}Y_i}{J_i}\right) = (1+\tau_{Ji})P_J \qquad \begin{array}{l} (J=K、L、E、M \\ s_J : J\text{要素的产出弹性} \\ i : 1, 2, \cdots, N) \end{array} \tag{3-3}$$

3.1.2 加总生产函数

设整个经济社会的总产量为 Y（总产量记为计价物，价格为1），由各个子行业产量决定：

$$Y = Y(Y_1, Y_2, \cdots, Y_N) \tag{3-4}$$

且满足规模报酬不变，则有：

$$\frac{\partial V}{\partial Y_i} = P_i \tag{3-5}$$

且进一步满足：

$$Y = \sum_{i=1}^{N} P_i Y_i \tag{3-6}$$

3.1.3 总量资源约束

假设每期的各项生产要素总量是外生给定的，并有如下约束条件：

$$\sum_i^N K_i = K \quad \sum_i^N L_i = L \quad \sum_i^N E_i = E \quad \sum_i^N M_i = M \tag{3-7}$$

3.1.4 竞争均衡分析

根据以上设定，定义带有要素价格扭曲因子的竞争均衡：

给定行业 TFP_i、要素价格扭曲因子 τ_{ji}、各要素资源总量 K、L、E、M，则竞争均衡 $\{Y; K_i, L_i, E_i, M_i; P_i, P_K, P_L, P_E, P_M\}$ 满足：

（1）N 个行业生产的一阶最优化条件：式（3-3）

（2）总生产函数规模报酬不变：式（3-4）和（3-5）

（3）总资源约束：式（3-7）

根据以上设定，各要素投入水平可以表示为：

$$J_i = \frac{\dfrac{P_i s_{Ji} Y_i}{(1+\tau_{Ji})P_J}}{\displaystyle\sum_m \frac{P_m s_{Jm} Y_m}{(1+\tau_{Jm})P_J}} J \qquad \begin{array}{l}(J = K、L、E、M \\ s_J：J 要素的产出弹性 \\ i, m：1, 2, \cdots, N) \end{array} \tag{3-8}$$

3.1.5 资源错配程度

3.1.5.1 资源错配系数定义

定义资源绝对错配系数（部分研究称为要素价格绝对扭曲系数），表达式为：

$$\lambda_{ji} = \frac{1}{1+\tau_{ji}} \quad (j = K、L、E、M) \tag{3-9}$$

定义资源相对错配系数（部分研究称为要素价格相对扭曲系数），反映同经济体的平均水平相比，各行业的资源错配程度。表达式为：

$$\tilde{\lambda}_{ji} = \frac{\lambda_{ji}}{\displaystyle\sum_{n=1}^{N} \left(\frac{v_n s_n}{\tilde{s}}\right)\lambda_{jn}} \tag{3-10}$$

其中，$v_n = P_n Y_n / Y$，代表各行业的产值份额，$\tilde{s} = \sum v_n s_n$ 为各要素弹性系数产值份额的加权值（$j = K、L、E、M$，$s = \alpha、\beta、\gamma、\delta$）。

定义综合资源绝对错配系数，表示要素配置的综合绝对错配程度：

$$\lambda_i = \lambda_{Ki}^{\frac{\alpha_i}{\alpha_i+\beta_i+\gamma_i+\delta_i}} \cdot \lambda_{Li}^{\frac{\beta_i}{\alpha_i+\beta_i+\gamma_i+\delta_i}} \cdot \lambda_{Ei}^{\frac{\gamma_i}{\alpha_i+\beta_i+\gamma_i+\delta_i}} \cdot \lambda_{Mi}^{\frac{\delta_i}{\alpha_i+\beta_i+\gamma_i+\delta_i}} \tag{3-11}$$

根据以上定义，由式（3-8）包含错配系数的要素投入可表示为：

$$J_i = \frac{v_i s_{Ji}}{\tilde{s}} \tilde{\lambda}_{ji} \cdot J \tag{3-12}$$

将式（3-12）变形并拆开写，得各要素的相对错配系数计算式：

$$\tilde{\lambda}_{Ki} = \left(\frac{K_i}{K}\right) / \left(\frac{v_i \alpha_i}{\tilde{\alpha}}\right) \quad \tilde{\lambda}_{Li} = \left(\frac{L_i}{L}\right) / \left(\frac{v_i \beta_i}{\tilde{\beta}}\right) \quad \tilde{\lambda}_{Ei} = \left(\frac{E_i}{E}\right) / \left(\frac{v_i \gamma_i}{\tilde{\gamma}}\right) \quad \tilde{\lambda}_{Mi} = \left(\frac{M_i}{M}\right) / \left(\frac{v_i \delta_i}{\tilde{\delta}}\right) \tag{3-13}$$

式（3-13）中的分子表示各行业实际投入要素占总量要素的比例，分母表示各行业要素有效配置时根据产出份额及要素弹性获得的理论要素投入比例。若取值大于 1，实际要素使用大于理论值，说明存在配置过度；若取值小于 1，实际要素使用小于理论值，说明存在配置不足，若取值为 1，说明不存在相对错配，取值是否为 1 是与行业整体平均水平相比较度量配置是否存在错配的参考点。进一步构造综合资源相对错配系数：

$$\tilde{\lambda}_i = \tilde{\lambda}_{Ki}^{\frac{\alpha_i}{\alpha_i+\beta_i+\gamma_i+\delta_i}} \cdot \tilde{\lambda}_{Li}^{\frac{\beta_i}{\alpha_i+\beta_i+\gamma_i+\delta_i}} \cdot \tilde{\lambda}_{Ei}^{\frac{\gamma_i}{\alpha_i+\beta_i+\gamma_i+\delta_i}} \cdot \tilde{\lambda}_{Mi}^{\frac{\delta_i}{\alpha_i+\beta_i+\gamma_i+\delta_i}} \tag{3-14}$$

3.1.5.2 资源错配指数定义

通过错配系数的定义可知，绝对错配系数值较难计算，但相对错配系数可以根据式（3-13）得出，所以后续讨论主要依据相对错配系数，并简称为资源错配系数。由式（3-14）的定义可知，当各要素配置无错配，$\tilde{\lambda}_{ji}=1$时，$\tilde{\lambda}_i=1$，即要素配置整体观察也不存在错配。当$\tilde{\lambda}_i=1$时，$\tilde{\lambda}_{ji}$不一定均等于1，可能存在要素之间的替代或互补，使得综合配置相对有效。为便于在同一区间观察资源配置的过度与不足程度，对上文定义的系数进行标准化处理，获得取值范围在0～1区间的错配指数，使得指数值越趋近1表示配置越有效，越趋近0表示配置越无效。将资源错配系数分成取值小于1和取值大于1的两类，取值小于1代表配置不足，越接近1配置越有效，所以此类系数按正向指标标准化；取值大于1代表配置过度，越接近1配置越有效，所以此类系数按逆向指标标准化。

获得资源错配指数为：

正向标准化：$\bar{\lambda}_{ji}=0.998\cdot[(\tilde{\lambda}_{ji}-\min(\tilde{\lambda}_{ji}))]/[1-\min(\tilde{\lambda}_{ji})]+0.002$ （3-15）

逆向标准化：$\bar{\lambda}_{ji}=0.998\cdot[(\max(\tilde{\lambda}_{ji})-\tilde{\lambda}_{ji})]/[\max(\tilde{\lambda}_{ji})-1]+0.002$ （3-16）

并定义综合资源错配指数：

$$\bar{\lambda}_i=\bar{\lambda}_{Ki}^{\frac{\alpha_i}{\alpha_i+\beta_i+\gamma_i+\delta_i}}\cdot\bar{\lambda}_{Li}^{\frac{\beta_i}{\alpha_i+\beta_i+\gamma_i+\delta_i}}\cdot\bar{\lambda}_{Ei}^{\frac{\gamma_i}{\alpha_i+\beta_i+\gamma_i+\delta_i}}\cdot\bar{\lambda}_{Mi}^{\frac{\delta_i}{\alpha_i+\beta_i+\gamma_i+\delta_i}}$$ （3-17）

通过标准化之后的数据范围可以在同一尺度下比较资源错配的程度，但标准化之后的值在0～1之间，不便直接观察是配置过度还是配置不足，所以可以结合错配系数判断错配方向。同时，根据前文定义可知，当错配系数取值为1时，说明无相对错配，所以可以通过错配指数赋值为1进一步计算出各要素的改进配置量。

3.2 样本、变量及数据说明

3.2.1 样本说明

本书以中国制造业两位数行业为研究对象，根据不同时间段的国民经济行业分类标准，在1999—2020年研究期间分别涉及1994版、2002版、2011版，2017版，不同版本涉及的制造业大类、中类和小类数有变化，在不同时期存在部分分类的拆分、合并、名称更新及新增。为分析大类下的行业情况，根据数据的可得性及方便在研究期间的比较，主要进行以下处理。

重新整理行业分类使其在研究期间内尽可能具有可比性。大部分行业分类名称及内容保持了一致性，变动较少，如仅涉及归类及进一步的细分，对数据无影响或影响甚微，变动较大的属2011年之后的分类版本。第一，将原来的橡胶制品业和塑料制品业合为橡胶和塑料制品业。第二，将原来的交通运输设备制造业分解为汽车制造业及铁路、船舶、航空航天和其他运输设备制造业。第三，将原仪器仪表及文化、办公用机械制造业中的文化、办公用机械制造业并入通用设备制造业计算，改称为仪器仪表制造业；将原工艺品及其他制造业中的工艺品部分计入文教体育用品制造业（并入后改称为文教、工美、体育和娱乐用品制造业），余下的改称其他制造业。此类变动使涉及的个别行业自2012年起数据波动较大，出现显著跳跃点，不便于后续的应用分析，需要进行调整。2011年之后在《中国工业统计年鉴》可以查到按行业大类、中类、小类统计的主要经济指标，之前年鉴仅可查阅大类信息；从数据可得性及准确性出发，做如下调整。（1）将2012年之前的橡胶和塑料制品业归并计算。（2）将2011年之后的汽车制造业及铁路、船舶、航空航天和其他运输设备制造业归并为交通运输设备制造业。（3）在2011年之后，从通用设备制造业分出文化、办公用机械制造业计入仪器仪表及文化、办公用机械制造业，从文教、工美、体育和娱乐用品制造业（改称为文教体育用品制造业）分出工艺美术品制造（工艺美术及礼仪用品制造）计入工艺品及其他制造业，整理之后尽可能获得口径一致、具有可比性的大类分类数据信息[1]。

3.2.2　生产函数投入产出变量说明

根据生产经济学理论，生产活动的投入要素与产出要素应保持一致，且不重不漏。在生产活动中，企业需要投入资本、劳动及中间投入，固定资产的转移价值和

---

[1] 因与最新的分类标准略有变化，按先后顺序排列为：1农副食品加工业；2食品制造业；3酒、饮料和精制茶制造业；4烟草制品业；5纺织业；6纺织服装、服饰业；7皮革、毛皮、羽毛及其制品和制鞋业；8木材加工和木、竹、藤、棕、草制品业；9家具制造业；10造纸和纸制品业；11印刷和记录媒介复制业；12文教体育用品制造业；13石油、煤炭及其他燃料加工业；14化学原料和化学制品制造业；15医药制造业；16化学纤维制造业；17橡胶和塑料制品业；18非金属矿物制品业；19黑色金属冶炼和压延加工业；20有色金属冶炼和压延加工业；21金属制品业；22通用设备制造业；23专用设备制造业；24交通运输设备制造业；25电气机械及器材制造业；26计算机、通信和其他电子设备制造业；27仪器仪表及文化、办公用机械制造业；28工艺品及其他制造业；29废弃资源综合利用业；30金属制品、机械和设备修理业。由于行业分类的变化和数据缺失，1999—2003年包含序号1-27行业数据，2003—2020年包含序号1-29行业数据，序号30行业数据缺失较多未分析。

劳动力创造的新增价值共同构成了生产的增加值，中间投入被消耗、转换，其价值也转移到最终的产出中，增加值和中间投入的价值共同构成生产的总产值[124]，鉴于此，从数据的可得性及保持投入与产出一致性角度，本书产出以总产值度量，投入要素包括资本、劳动、能源及其他中间投入。涉及指标及缺失值处理如下。第一，工业总产值，2011年之后查无此项数据，根据《中国统计年鉴》指标解释，产品销售率（%）=（工业销售产值/工业总产值）×100%，在中国宏观经济信息网产业数据库中获得各行业的产品销售率，进而计算出对应年度的工业总产值。第二，资本存量，以1999年各行业固定资产净值为初始资本，根据已有当年折旧额数据计算2001—2007年的固定资产折旧率（当年折旧额除以上年末的固定资产原价），假设折旧率匀速变化，以此估算之后年份的折旧率，再用永续盘存法计算资本存量。第三，劳动投入，用年从业人员平均数乘以平均工资（城镇单位从业人员的平均工资）表示。第四，能源投入，根据电煤价格、动力煤热量值与标准煤的热量值换算，估算出标准煤价格，缺失数据用主要原材料、燃料、动力购进价格分类指数估计。以标准煤价格乘以能源消费量（万吨标准煤）计量能源投入，规模以上工业的消耗按产值比例计算。第五，其他中间投入，其他中间投入=工业总产值−增加值+应交增值税−能源投入。故需要工业增加值及应交增值税数据。2007年之后缺失的工业增加值根据各行业增加值增长率计算。2014年之后缺失的应交增值税用国内增值税估计，用历年已有数据计算的各行业国内增值税与应交增值税的比例波动较小，故按此均比估计应交增值税。第六，个别年份个别指标数据的缺失以可比价计算之后的相邻均值估计及按时序预测估计。通过上述处理，获得制造业各子行业相关指标数据[①]。

3.2.3　数据来源

用到的数据资源有《中国工业统计年鉴》、《中国经济普查年鉴》、《中国统计年鉴》、《中国税务年鉴》、《中国劳动统计年鉴》、EPS数据库及中国宏观经济信息网平台。数据均以1999年为基期平减，工业总产值、增加值、应交增值税按工业生产总值指数平减，固定资产投资额按固定资产投资价格指数平减，从业人员工资按居民消费价格指数平减。部分年度指标统计量如表3–1所示。

---

① 在研究期间工业统计范围有所变化，即计入统计范围的企业规模标准有变，但不同标准阶段计入企业的工业总产值占全部企业工业总产值的90%左右，比例比较接近，故认为已获得的连续序列数据具有代表性及可比性，可用于本书的分析。

表3-1　部分年度变量均值与标准差

		年份									
		2011	2012	2013	2014	2015	2016	2017	2018	2019	2020
Y	均值	7 052.28	7 161.60	7 505.35	7 568.35	7 375.31	7 562.94	7 787.66	8 288.72	8 801.71	9 084.09
	标准差	5 759.75	5 781.44	5 989.70	6 009.61	5 745.30	5 817.84	6 316.51	6 816.77	7 327.42	7 795.59
K	均值	3 974.09	4 430.59	5 184.91	5 671.18	5 979.04	6 269.15	6 778.40	6 812.68	7 655.51	8 967.90
	标准差	3 752.21	4 207.72	4 844.18	5 114.49	5 316.56	5 547.95	6 291.75	6 809.78	8 138.76	9 910.53
L	均值	757.72	869.45	978.60	1 089.74	1 136.44	1 164.60	1 176.79	1 133.94	1 195.09	1 209.02
	标准差	617.31	685.11	766.40	877.78	931.21	970.42	1 027.32	1 006.53	1 085.53	1 138.59
E	均值	169.30	175.47	182.48	184.67	192.17	1 904.20	192.10	198.62	202.79	174.59
	标准差	357.93	373.16	366.48	367.49	317.09	298.70	344.44	324.62	360.29	311.79
M	均值	4 504.43	4 584.38	4 590.33	4 602.15	4 712.02	4 790.43	4 890.23	4 946.41	5 082.27	5 153.75
	标准差	4 043.28	3 898.26	3 898.29	3 713.02	3 341.72	3 200.32	3 510.69	3 767.04	4 021.55	4 275.53

注：劳动单位为万人，其他变量单位为亿元。

3.3　测算结果

计算资源错配系数，需要先估计各要素的产出弹性，对生产函数式（3-1）取对数回归[①]，从要素弹性估计系数结果看（表3-2），其他中间投入的弹性系数相对偏大，这与对原材料依赖较大的制造业行业特征相符合。资本弹性相对较大的行业有纺织业，酒、饮料和精制茶制造业，印刷业和记录媒介的复制，非金属矿物制品业，文教体育用品制造业，属轻工业较多，说明对资本的依赖性较高。劳动弹性相对较高的行业有通用设备制造业，黑色金属冶炼和压延加工业，专用设备制造业，橡胶和塑料制品业，对劳动的依赖性相对较高。能源弹性整体偏低，相对较大的行业有化学原料及化学制品制造业，黑色金属冶炼和压延加工业，有色金属冶炼和压延加工业，石油、煤炭及其他燃料加工业，对能源的消耗相对较高。

---

① 为克服变量间的弱多重共线性，用岭估计法做了回归，在显著性水平 $\alpha = 0.05$ 下，岭参数 k 的取值在确保系数显著及岭迹稳定的情况下取最小值。

表3-2 要素产出弹性估计量

变量	均值	标准差	最小值	最大值
α	0.128 2	0.061 1	0.031 9	0.266 5
β	0.167 8	0.055 4	0.055 0	0.274 7
γ	0.095 1	0.052 1	0.029 5	0.211 8
δ	0.461 2	0.124 1	0.237 4	0.652 4

3.3.1 资本错配程度及波动

图3-1绘制了制造业29个行业的资本错配波动情况，并画出相对最优取值为1的基准线。各行业资本错配程度有差异，离基准线越远，错配程度越大，首先是烟草制品业的错配程度较大，有所改进之后又回升，近几年的波动不太稳定；其次是石油、炼炭及其他燃料加工业，改进之后错配程度又有加大趋势；最后是医药制造业，均属于配置过度。配置过度程度较大的依次还有黑色金属冶炼和压延加工业，化学原料及化学制品制造业，专用设备制造业，造纸和纸制品业，通用设备制造业；以上8个行业的错配系数在研究期间内一直大于1，不规则波动性明显，未有显著改善趋势。一直处于配置不足的行业有9个，其中错配程度较大的有纺织服装、服饰业，皮革、毛皮、羽毛及其制品和制鞋业，纺织业，文教体育用品制造业；食品制造业，酒、饮料和精制茶制造业错配程度相对较低。余下12个行业的配置在不足与过度之间交叉变化，错配程度较低的行业有交通运输设备制造业，电气机械及器材制造业，非金属矿物制品业，金属制品业，家具制造业，也是所有行业中错配程度最低的5个行业。

资本错配是相对于资本最优配置状态的偏离，由以上结果可知，各行业均存在不同程度的资本错配，资本错配的程度会随着社会不同阶段的发展特征而发生变化，并且行业异质性表现显著，没有收敛特征[125]，本书结果亦如此。在实际生产活动中，资本错配不会自行消失，政策扭曲、市场摩擦、信息不确定性与不对称性等各种影响因素复杂交织、共同作用产生持续的资本错配[8]。产业政策是促进产业增长与效率提升的重要手段，重点产业政策促使资源从非重点行业流向重点行业，导致企业投资过度及投资效率低，且产生的负面影响主要集中在资本密集型行业[126]，由本书测算结果可知，资本配置过度也主要表现在资本密集型行业，不利于全要素生产率的提高。部分劳动密集型行业表现出的资本配置不足，与其行业发展特征相关，在保持产能供给充足的条件下，在劳动力成本提高及劳动力趋降之际，在资本与劳动要素的替代效应下，需要进一步优化生产要素的配置，以符合资源禀赋结构，且资本投入的适度增加有利于通过对传统低效要素的替代实现生产效率的提高，但资本投入增加引起的资本深化程度在合理区间时才能改善资源配置效率[127]，并非资本投入越多越好，所以要注重资本与劳动投入变化的相对速度。

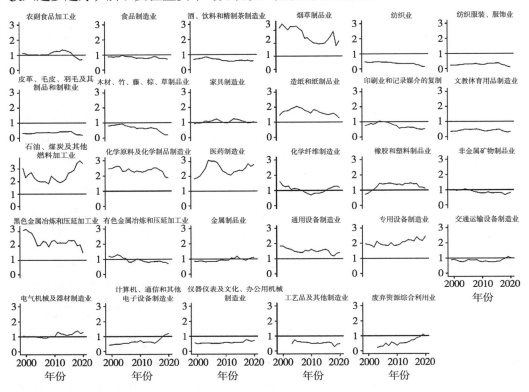

注：工艺品及其他制造业、废弃资源综合利用业行业数据区间为2003—2020年，其他行业为1999—2020年。下同。

图3-1　各行业资本错配系数变化

3.3.2　劳动错配程度及波动

由图3-2可知，纺织服装、服饰业的劳动错配程度最大，呈上升之后再下降的趋势，其次是文教体育用品制造业，有上升趋势，均属于配置过度型，另外还有11个行业属于配置过度型，其中，酒、饮料和精制茶制造业，纺织业，皮革、毛皮、羽毛及其制品和制鞋业，木材加工及竹、藤、棕、草制品业，非金属矿物制品业，仪器仪表及文化、办公用机械制造业的错配程度近几年略呈下降趋势，说明错配程度有所改善；食品制造业，家具制造业，印刷业和记录媒介的复制，计算机、通信和其他电子设备制造业，金属制品业近几年略呈上升趋势，说明错配程度略加深。劳动配置一直处于不足的行业有12个，但偏离程度均较小。医药制造业，交通运输设备制造业在配置的过度与不足之间交叉变动，但波动较小；化学纤维制造业由配置不足转为配置过度，工艺品及其他制造业由配置过度转向配置不足。

劳动配置过度行业通常表现出较低的生产率，由以上结果可知，生产率水平较低的劳动密集型行业的过度配置较普遍，在我国经济高速增长阶段，劳动力充分供给下的人口红利发挥了关键作用，推迟了资本报酬递减现象的出现[128]，配置不合理下的低生产率被忽略。如果高质量劳动要素从低生产率行业转移到当前按平均水平计算配置相对不足的部分资本及技术密集型相对高生产率行业，经济总体的生产率及产出将均有所提升[129]。从我国三次产业整体劳动要素的配置趋势可知，当前第一产业就业人数长期下降，第二产业就业人数稳步趋增，但2013年之后趋于小幅度下降，2020年起又有小幅度回升，第三产业就业人数长期增长，且2012年之后增幅增加，2020年起增幅放缓。根据配第—克拉克定理，随着人均实际收入的提高，劳动力将首先从第一产业流向第二产业，然后再从第二产业流向第三产业，我国三次产业就业人数整体变化基本符合该定理。自2013年起，我国第二产业减少的劳动力主要流向了第三产业，因为第一产业人员一直趋于下降，且因生产率低、报酬低的特点，很难扩充劳动力，转移到第三产业的劳动力大部分流向了生产率较低的生活服务业。通过计算三次产业的劳动生产率（增加值/就业人数）可知，第三产业的劳动生产率低于第二产业，说明劳动力出现了向低生产率行业的逆向配置转移，是劳动资源配置的退化，同时也说明了整体劳动要素配置存在不合理现象，加之产业内部各行业间的配置失衡，导致劳动要素配置的改善空间仍然很大。

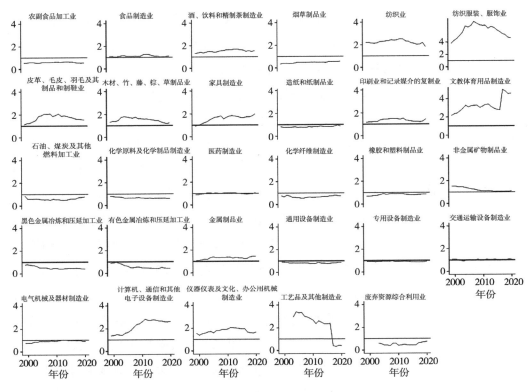

注：因纵坐标尺度一致，所以大部分劳动错配系数的变化显现得不够明显。

图3-2　各行业劳动错配系数变化

3.3.3　能源错配程度及波动

由图3-3可知，非金属矿物制品业的能源过度错配程度最高，但呈现下降趋势，说明有所改善；其次是黑色金属冶炼和压延加工业，错配程度改善之后又回升，近三年又有所改善。配置过度型行业还有酒、饮料和精制茶制造业，石油、煤炭及其他燃料加工业，化学纤维制造业，化学原料及化学制品制造业；除了酒、饮料和精制茶制造业有显著改善趋势，其他3个行业近几年的错配呈不同程度的加深趋势，且石油、煤碳及其他燃料加工业的错配加深趋势最显著。木材加工及竹、藤、棕、草制品业及医药制造业的配置由过度转为不足；有色金属冶炼和压延加工业中间两年错配有所改善之后又呈现配置过度；其余行业的错配系数在基准线以下，说明与行业整体平均水平相比，配置不足。能源要素的使用具有明显的行业特征，制造业两位数行业中黑色金属冶炼和压延加工业，化学原料和化学制品制造业，非金属矿物制品业，石油、煤炭及其他燃料加工业，有色金属冶炼和压延加工业的能源消耗最大，年度消耗量在万位数（万吨标准煤），其余行业在十位数与千位数之间不等，消耗量级相差较多，以上5个行业表现为配置过度，整体提高了制造业的平均消耗水平，致使消耗相对较低的行业配置表现为配置不足。为加快形成能源节约型社会，"十四五"规划纲要将"单位GDP能源消耗降低13.5%"作为经济社会发展主要约束性指标之一，所以能源要素的节能降耗重点在以上5个行业的提效控污，同时还需加强对其他行业的节能减排。

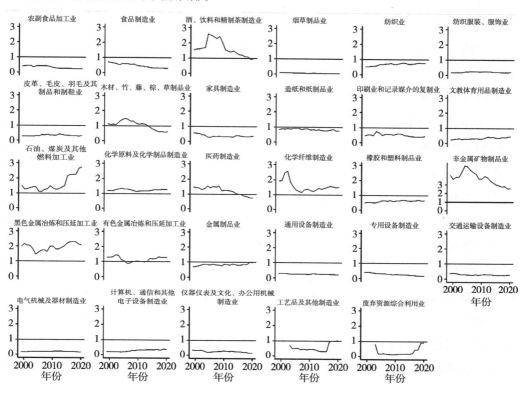

图3-3 各行业能源错配系数变化

3.3.4 其他中间投入错配程度及波动

由图3-4可知，各行业除能源要素之外的其他中间投入错配程度也较显著，有10个行业表现为配置过度，其中文教体育用品制造业，皮革、毛皮、羽毛及其制品和制鞋业，橡胶和塑料制品业，造纸和纸制品业，纺织服装、服饰业的配置过度程度较高，且除了造纸和纸制品业呈现改善趋势，其他行业的变化比较稳定，没有显著改善趋势；其他5个配置过度的行业中，废弃资源综合利用业及纺织业呈现改善趋势，印刷和记录媒介的复制业及石油、煤碳及其他燃料加工业的错配程度略呈加深趋势，化学原料及化学制品制造业的错配程度比较稳定。在配置不足的11个行

51

业中，烟草制品业，酒、饮料和精制茶制造业，化学纤维制造业，木材加工及竹、藤、棕、草制品业的错配程度相对较大；酒、饮料和精制茶制造业，木材加工及竹、藤、棕、草制品业，医药制造业，非金属矿物制品业有显著改善趋势，烟草制品业的错配呈加深趋势；其余行业变化稳定，趋势不明显，交通运输设备制造业及电气机械及器材制造业的错配程度最低。农副食品加工业，食品制造业，家具制造业，金属制品业，工艺品及其他制造业，专用设备制造业由配置不足转向了配置过度，但错配程度均较小；黑色金属冶炼和压延加工业，通用设备制造业由配置过度转向了配置不足，同样错配程度较小。

以往研究主要集中于资本和劳动要素的错配，对中间投入的错配问题关注较少，我国制造业中间投入品在工业总产值中的占比平均在74%左右，关注中间投入资源的错配具有重要现实意义。中间投入以原材料为主，原材料的生产区域、运输成本、供应企业的垄断程度等都会影响配置的扭曲，从而导致配置的不足或过度[83]。Wang[130]对我国制造业的研究表明当忽略中间投入扭曲时，全要素生产率的增进空间减少了453%，陈汝影和余东华[83]认为，我国制造业劳动、资本和中间投入资源错配是客观存在的，纳入中间投入资源错配因素，有助于准确测算全要素生产率的实际情况及由错配造成的全要素生产率损失。由上文计算可知，中间投入的产出弹性较高，表明制造业生产对中间投入的消耗较大，说明不能忽略生产中中间投入的配置效应，且不同两位数行业在市场化与非市场化的综合因素影响下表现出不同的中间投入错配程度及趋势，偏离了最优配置水平，影响着制造业整体配置效率水平的提高。

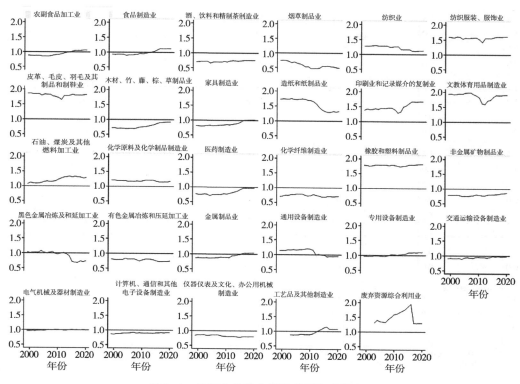

图 3-4　各行业其他中间投入错配系数变化

3.3.5　综合资源错配程度及波动

因要素之间的替代或互补效应，单要素的错配可能在某种程度上是为了弥补其他要素的缺失或被其他要素替代而造成的，计算综合错配系数有利于观察整体的综合错配情况。由图3-5的变化趋势可知，根据四类要素投入综合考察，大部分要素的综合错配系数处于基准线以下，少部分处于基准线以上，说明综合来看配置不足的行业多于配置过度的行业，但这不能说明整体要素配置不足，在总量要素规模给定的情况下，这种配置的偏离说明少数行业占用了过多的要素，更加剧了配置的两级分化，部分行业的错配系数偏离较小，说明整体错配程度相对较低。由于市场失灵与政府失灵的双重叠加，真正实现各行业的帕累托最优配置是几乎不可能的，但生产活动可以尽量改善优化配置，不断降低错配的程度。

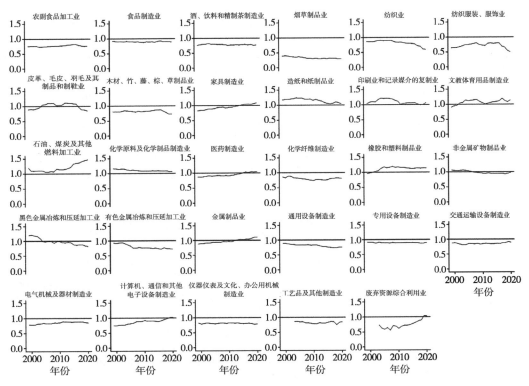

图 3-5 各行业综合错配系数变化

　　根据以上各行业在不同要素错配中的表现，选出几个具有代表性的行业进行具体化分析。表3-3列出了部分行业的资源错配系数值。石油、煤碳及其他燃料加工业的资本、能源、其他中间投入的错配系数均大于1，且没有明显的改善趋势，说明这些要素在该行业的成本相对偏低，导致配置过度，同时体现了其高消耗的资源性产业特征。化学原料及化学制品制造业的资本、能源和其他中间投入也配置过度，且没有改善趋势，过度的投入使该行业的产能利用较低，2020年全年产能利用率为74.5%，同比减少0.7%，存在产能过剩。医药制造业的资本配置过多，劳动配置相对较稳定，与有效系数1较接近，能源配置由过度转为不足，其他中间投入的配置不足有改善趋势，错配系数逐渐趋向有效值1。非金属矿物制品业的能源配置过度，且程度显著高于其他行业，劳动的配置过度有改善趋势，资本和其他中间投入略有不足，2020年全年的产能利用率为68%，属工业行业的最低水平，有待通过改善要素配置解决产能过剩问题。黑色金属冶炼和压延加工业的资本和能源配置过度略有改善趋势，劳动配置不足在加深，其他中间投入由配置过度转为配置不足。计算机、通信和其他电子设备制造业的资本配置由不足转向过度，但偏离程度不高，劳动配置过度有增进趋势，能源配置不足在逐渐改善，其他中间投入配置偏离相对较小，并在逐渐改善。

表3-3 部分行业部分年度资源错配系数

资源错配系数		年份							
	行业	2001	2004	2007	2010	2013	2016	2019	2020
$\tilde{\lambda}_K$	石油、煤碳及其他燃料加工业	2.572	2.073	1.978	2.218	2.000	2.750	3.643	3.414
	化学原料及化学制品制造业	2.564	2.291	2.323	2.270	2.396	2.500	1.909	1.867
	医药制造业	2.022	3.089	2.957	2.257	2.284	2.371	2.676	2.795
	非金属矿物制品业	0.957	1.058	0.902	0.791	0.804	0.809	0.753	0.816
	黑色金属冶炼和压延加工业	2.986	1.997	2.255	2.369	2.200	2.341	2.064	1.513
	计算机、通信和其他电子设备制造业	0.468	0.525	0.619	0.715	0.617	0.652	1.125	1.194
$\tilde{\lambda}_L$	石油、煤碳及其他燃料加工业	0.576	0.575	0.534	0.528	0.486	0.573	0.727	0.766
	化学原料及化学制品制造业	0.751	0.647	0.659	0.647	0.627	0.615	0.602	0.597
	医药制造业	0.967	1.064	1.020	1.044	1.039	0.978	0.972	1.050
	非金属矿物制品业	1.477	1.392	1.238	1.105	1.079	1.052	1.053	1.095
	黑色金属冶炼和压延加工业	0.744	0.517	0.474	0.459	0.437	0.441	0.415	0.391
	计算机、通信和其他电子设备制造业	1.464	1.596	2.105	2.597	2.720	2.662	2.580	2.619
$\tilde{\lambda}_E$	石油、煤碳及其他燃料加工业	1.304	1.426	1.248	1.357	1.415	2.248	2.670	2.737
	化学原料及化学制品制造业	1.205	1.366	1.274	1.181	1.201	1.269	1.300	1.298
	医药制造业	1.424	1.554	1.480	1.275	1.189	0.982	0.769	0.750
	非金属矿物制品业	3.847	5.114	4.402	3.656	3.438	2.924	2.584	2.594
	黑色金属冶炼和压延加工业	2.064	1.452	1.751	2.009	1.910	2.285	2.159	2.088
	计算机、通信和其他电子设备制造业	0.199	0.193	0.251	0.332	0.346	0.352	0.392	0.376
$\tilde{\lambda}_M$	石油、煤碳及其他燃料加工业	1.102	1.117	1.150	1.226	1.314	1.329	1.274	1.288
	化学原料及化学制品制造业	1.200	1.192	1.170	1.185	1.208	1.160	1.159	1.177
	医药制造业	0.755	0.714	0.755	0.768	0.842	0.973	0.975	0.971
	非金属矿物制品业	0.788	0.751	0.762	0.789	0.797	0.816	0.853	0.863
	黑色金属冶炼和压延加工业	1.023	1.075	1.024	0.968	0.978	0.693	0.714	0.746
	计算机、通信和其他电子设备制造业	0.876	0.896	0.923	0.905	0.898	0.908	0.915	0.913

3.3.6 近五年平均资源错配程度

上节主要观察各行业、各要素在研究区间1999—2020年（其中两个行业为2003—2020年）内的错配程度及错配波动方向，在不同要素配置下分析了各个行业的错配表现。为了进一步了解近期各行业、各要素的配置状态，本节主要分析近五年的平均变化趋势，对当前及未来预测具有及时性的参考价值。

表3-4及表3-5分别列出了近五年资源错配系数及资源错配指数的均值。根据计算结果可知，资本配置在13个行业有冗余，排在前位的行业有石油、煤碳及其他燃料加工业，医药制造业，烟草制品业，专用设备制造业，化学原料及化学制品制造业，黑色金属冶炼和压延加工业；资本配置不足的行业有16个，配置不足程度较高的行业有纺织服装、服饰业，纺织业，皮革、毛皮、羽毛及其制品和制鞋业，木材加工及竹、藤、棕、草制品业，文教体育用品制造业，工艺品及其他制造业。劳动配置冗余行业有14个，排在前位的有纺织服装、服饰业，文教体育用品制造业，计算机、通信和其他电子设备制造业，纺织业，家具制造业，仪器仪表及文化、办公用机械制造业；劳动配置不足行业有15个，配置不足程度较高的行业有烟草制品业，有色金属冶炼和压延加工业及黑色金属冶炼和压延加工业。能源配置冗余较多的行业有7个，分别为非金属矿物制品业，石油、煤碳及其他燃料加工业，黑色金属冶炼和压延加工业，化学纤维制造业，化学原料及化学制品制造业，有色金属冶炼和压延加工业，酒、饮料和精制茶制造业。其他中间投入配置冗余的行业有16个，排在前位的有文教体育用品制造业，皮革、毛皮、羽毛及其制品和制鞋业，橡胶和塑料制品业，印刷业和记录媒介的复制业，纺织服装、服饰业；配置不足的行业有13个，不足程度较高的行业有烟草制品业，化学纤维制造业，黑色金属冶炼和压延加工业，有色金属冶炼和压延加工业。

从数据极差及期望值为1的标准差的计算结果来看，其他中间投入配置的波动最小，说明整体错配程度相对较低，其次是能源配置，相对来看劳动及资本的错配波动较显著，说明劳动与资本在行业间的错配程度相对较高，且劳动错配比资本错配更显著。

考虑所有要素的综合配置，根据综合错配系数可知，整体看要素配置过度行业数小于配置不足行业数，说明少数行业占据了过多资源，加剧了行业发展的不公平。综合来看，石油、煤碳及其他燃料加工业，橡胶和塑料制品业，文教体育用品制造业，化学原料及化学制品制造业，金属制品业，造纸和纸制品业，家具制造业，医药制造业，印刷业和记录媒介复制业整体偏向于过度投入，要素成本综合偏低。

将综合错配系数按配置过度和不足分别计算以1为期望值的标准差，结果分别为0.156和0.243，说明在要素配置不足的行业里，要素成本的差异性及波动性显著于配置过度行业，高价格成本浮动大于低价格成本。

表3-5为标准化之后的资源错配指数均值，取值范围在0～1之间，便于在0～1区间观察错配程度，越接近1配置相对越有效，其分析结果与错配系数一致，不在此赘述。

表3-4　2016—2020年资源错配系数均值

序号	行业分类	单要素资源错配系数				综合错配系数
		$\tilde{\lambda}_{Ki}$	$\tilde{\lambda}_{Li}$	$\tilde{\lambda}_{Ei}$	$\tilde{\lambda}_{Mi}$	$\tilde{\lambda}_i$
1	农副食品加工业	0.860	0.560	0.251	1.058	0.777
2	食品制造业	0.764	1.078	0.318	1.124	0.899
3	酒、饮料和精制茶制造业	0.587	1.521	1.070	0.752	0.776
4	烟草制品业	2.331	0.543	0.048	0.519	0.309
5	纺织业	0.242	2.024	0.757	1.119	0.683
6	纺织服装、服饰业	0.220	5.133	0.191	1.604	0.641
7	皮革、毛皮、羽毛及其制品和制鞋业	0.276	1.604	0.323	1.813	0.929
8	木材加工和木、竹、藤、棕、草制品业	0.339	1.282	0.633	0.912	0.783
9	家具制造业	1.026	1.773	0.349	1.006	1.051
10	造纸和纸制品业	1.456	0.867	0.791	1.310	1.062
11	印刷和记录媒介复制业	0.538	1.281	0.415	1.671	1.027
12	文教体育用品制造业	0.361	4.324	0.412	1.903	1.129
13	石油、煤碳及其他燃料加工业	3.229	0.677	2.437	1.302	1.407
14	化学原料和化学制品制造业	2.185	0.610	1.286	1.162	1.073
15	医药制造业	2.646	0.980	0.845	0.973	1.037
16	化学纤维制造业	1.193	0.750	1.535	0.705	0.813
17	橡胶和塑料制品业	1.256	0.835	0.656	1.809	1.139
18	非金属矿物制品业	0.767	1.063	2.746	0.840	0.950
19	黑色金属冶炼和压延加工业	2.055	0.434	2.229	0.715	0.856
20	有色金属冶炼和压延加工业	0.799	0.436	1.275	0.736	0.731
21	金属制品业	1.007	1.345	0.901	1.038	1.070
22	通用设备制造业	1.344	0.832	0.235	0.945	0.749
23	专用设备制造业	2.283	0.881	0.188	1.097	0.888
24	交通运输设备制造业	0.953	1.033	0.260	0.977	0.884
25	电气机械及器材制造业	1.268	0.948	0.193	0.997	0.868
26	计算机、通信和其他电子设备制造业	0.963	2.616	0.360	0.911	0.973
27	仪器仪表及文化、办公用机械制造业	0.679	1.665	0.191	0.800	0.798
28	工艺品及其他制造业	0.458	0.791	0.865	1.092	0.829

续　表

序号	行业分类	单要素资源错配系数				综合错配系数
		$\tilde{\lambda}_{Ki}$	$\tilde{\lambda}_{Li}$	$\tilde{\lambda}_{Ei}$	$\tilde{\lambda}_{Mi}$	$\tilde{\lambda}_i$
29	废弃资源综合利用业	0.921	0.629	0.594	1.426	0.929
	要素配置冗余（不足）行业数	13（16）	14（15）	7（22）	16（13）	9（20）
	极差	3.009	4.699	2.698	1.384	1.098
	期望值为1的标准差	0.780	1.105	0.727	0.372	0.220

表3-5　2016—2020 年资源错配指数均值

序号	行业分类	单要素错配指数				综合错配指数
		$\bar{\lambda}_{Ki}$	$\bar{\lambda}_{Li}$	$\bar{\lambda}_{Ei}$	$\bar{\lambda}_{Mi}$	$\bar{\lambda}_i$
1	农副食品加工业	（-）0.821	（-）0.224	（-）0.215	0.936	（-）0.595
2	食品制造业	（-）0.698	0.981	（-）0.285	0.863	（-）0.745
3	酒、饮料和精制茶制造业	（-）0.472	0.874	0.960	（-）0.485	（-）0.526
4	烟草制品业	0.404	（-）0.194	（-）0.002	（-）0.002	（-）0.009
5	纺织业	（-）0.030	0.753	（-）0.745	0.868	（-）0.285
6	纺织服装、服饰业	（-）0.002	0.002	（-）0.152	0.332	（-）0.032
7	皮革、毛皮、羽毛及其制品和制鞋业	（-）0.074	0.854	（-）0.290	0.101	（-）0.180
8	木材加工和木、竹、藤、棕、草制品业	（-）0.154	0.932	（-）0.615	（-）0.817	（-）0.627
9	家具制造业	0.988	0.813	（-）0.318	0.993	0.895
10	造纸和纸制品业	0.796	（-）0.765	（-）0.781	0.657	0.733
11	印刷和记录媒介复制业	（-）0.409	0.932	（-）0.387	0.258	0.419
12	文教体育用品制造业	（-）0.182	0.197	（-）0.384	0.002	0.037
13	石油、煤炭及其他燃料加工业	0.002	（-）0.430	0.179	0.666	0.321
14	化学原料和化学制品制造业	0.469	（-）0.312	0.837	0.821	0.624
15	医药制造业	0.263	（-）0.965	（-）0.838	（-）0.944	0.865
16	化学纤维制造业	0.914	（-）0.559	0.694	（-）0.388	（-）0.485
17	橡胶和塑料制品业	0.885	（-）0.709	（-）0.639	0.106	0.343
18	非金属矿物制品业	（-）0.702	0.985	0.002	（-）0.668	（-）0.433
19	黑色金属冶炼和压延加工业	0.528	（-）0.002	0.298	（-）0.409	（-）0.094
20	有色金属冶炼和压延加工业	（-）0.743	（-）0.006	0.843	（-）0.452	（-）0.239
21	金属制品业	0.997	0.846	（-）0.896	0.958	0.937
22	通用设备制造业	0.742	（-）0.704	（-）0.198	0.886	（-）0.643
23	专用设备制造业	0.038	（-）0.790	（-）0.149	0.893	（-）0.572

序号	行业分类	单要素错配指数				综合错配指数
		$\bar{\lambda}_{Ki}$	$\bar{\lambda}_{Li}$	$\bar{\lambda}_{Ei}$	$\bar{\lambda}_{Mi}$	$\bar{\lambda}_i$
24	交通运输设备制造业	(−)0.940	0.985	(−)0.224	(−)0.952	(−)0.852
25	电气机械及器材制造业	0.799	(−)0.908	(−)0.154	(−)0.994	(−)0.806
26	计算机、通信和其他电子设备制造业	(−)0.953	0.276	(−)0.329	(−)0.815	(−)0.714
27	仪器仪表及文化、办公用机械制造业	(−)0.589	0.702	(−)0.152	(−)0.585	(−)0.555
28	工艺品及其他制造业	(−)0.307	(−)0.631	(−)0.858	0.898	(−)0.703
29	废弃资源综合利用业	(−)0.899	(−)0.346	(−)0.574	0.529	(−)0.545
	要素配置冗余（不足）行业数	13（16）	14（15）	7（22）	16（13）	9（20）

注：（−）代表资源错配方向，表示资源配置不足，其余表示资源配置冗余，指数值越接近1，配置越有效，越接近0，配置越无效。

3.4　本章小结

通过四要素投入的资源配置分析，本章较全面地刻画了主要生产要素的错配问题，丰富了投入产出指标体系。除了常见的资本和劳动错配，能源及其他中间要素投入的错配程度也较突出，陈汝影和余东华[83]认为，中国制造业中间投入品资源错配导致的全要素生产率更为严重；陈永伟和胡伟民[76]也指出，忽略中间投入的错配会影响效率损失的估计。Wei 和 Li[131]，He 和 Qi[132]的研究表明中国制造业能源效率低下，对环境负作用显著；Chu 等[133]的研究得出，能源错配与碳排放效率呈倒 U 型关系，能源错配的加剧不利于节能减排临界点的到来；根据《BP 世界能源统计年鉴2021》（BP2021），中国是一次能源消费和碳排放最多的国家，加之"双碳"节能减排目标的约束，能源使用效率的提高势在必行；Xie 等[134]认为，资本和劳动错配对碳排放有显著影响，所以优化资源配置，需要同时考虑不同要素之间的相互影响，提高单个要素配置的作用效果可能不够显著。

资本配置过度主要表现在重工业及高技术产业相关的行业，配置不足主要表现在轻工业。劳动配置过度主要表现在轻工业，配置不足主要表现在重工业及部分轻工业。能源配置过度主要表现在高耗能行业，其在数量级上的显著高耗能抬高了行业的平均水平，导致大部分行业表现为配置不足。其他中间投入消耗的配置过度与配置不足主要表现在轻工业。综合各要素的配置来看，石油、煤炭及其他燃料加工业，橡胶和塑料制品业等表现为配置过度，纺织服装、服饰业，烟草制品业等表现为配置不足。以相对最优配置值1为期望值的标准差表明制造业整体的要素错配程度由高到低依次表现为劳动、资本、能源及其他中间投入。

　　资源错配是生产活动的普遍现象，错配系数结果也验证了这一点，任何经济体都存在不同程度的资源错配[17, 38, 135, 136]，且在不同行业间也差异显著，不同要素的配置效率差异说明了不同要素的市场化程度差异较大，推进市场化面临的问题也各有不同，需要根据不同要素的特征及经济社会发展需要，提出分类推进的改革措施，使要素市场化配置改革更具有针对性和可操作性。要素配置的过度与不足可归因于各种摩擦引致的成本价格差异，相对于竞争均衡价格，价格偏高易导致配置不足，价格偏低易导致配置过度，均不能实现资源的有效配置，抑制配置效率和TFP的提高，影响经济的充分与平衡发展，尤其在依靠大规模要素投入带动经济增长模式不再可持续及通过提高全要素生产率实现高质量发展之际，通过改善资源配置效率提升经济效率具有重要意义。虽然现实生产环境与完备的市场经济约束条件有较大差异，完全消除资源错配不够现实，但可以尽量降低资源错配的程度。通过本章对制造业各行业的资源错配程度计算可知，大部分行业的多数要素配置未有明显改善趋势，现有的错配状态对TFP的影响如何？是否显著抑制了TFP的提高？这些问题将在下一章得到解决。

4　资源错配对 TFP 的影响

　　研究资源错配对 TFP 影响的成果较丰富，结合第 2.4.1 节中的理论与经验研究梳理，从研究方法上看，引入要素价格扭曲因子 τ 类的方法较多。通过价格扭曲因子 τ 表示引起资源错配的综合影响因素的作用效果，以实际有错配状态与无错配状态为参照计算出生产率提升空间，剔除不易直接测度的扭曲因子 τ；或者从生产率的变化中分解出带有要素价格扭曲因子的一项度量资源错配对 TFP 变化的影响程度，本书从资源错配影响 TFP 的边际效应及综合效应两方面展开分析。从边际影响效应看，戴魁早和刘友金[137]、吕承超和王志阁[138]借鉴 HK 模型分别构建了要素市场扭曲和资本、劳动错配影响生产率的边际关系模型，在实证分析时用创新要素投入和创新效率进行了检验。前者用地区相对要素市场发育程度指数表示要素市场扭曲，该指标属于间接变量，度量行业要素市场扭曲可能存在偏离，且只有地区数据；后者用资本、劳动要素使用成本与行业平均成本的偏离度分别代表资本、劳动的错配程度，此方法需要估算要素价格，不同研究者用不同变量估计，结果缺乏可比性；且计算每个单要素的错配易忽略要素之间因替代或互补作用关系产生的交互效应。从综合影响效应看，主要借助经济增长核算框架的分解，目前，最多有三要素投入情况下的生产率分解，分解出不同要素错配的生产率损失[32, 76, 82, 84]。

　　借鉴及总结已有研究成果，本章从以下几个方面推进了资源错配影响全要素生产率的研究。一是在戴魁早和刘友金[137]、吕承超和王志阁[138]对要素配置影响生产率边际模型的基础上，构建了资本、劳动、能源及其他中间投入四要素与全要素生产率之间的关系模型，可以较全面地刻画生产要素的影响效应，拓展了已有理论模型的推导，且将设定的规模报酬不变改为规模报酬可变。二是推断资源错配系数对全要素生产率的影响表现为边际负效应递减。并根据竞争均衡模型中推导出的资源错配系数进行实证检验，避免了用其他替代变量的偏离性。在以往单要素错配分析的基础上进一步分析了综合资源错配系数对 TFP 的影响。三是基于制造业各行业，检验边际影响效应时引入行业特征变量识别要素错配影响程度差异。四是在增长核算框架下分解加总的全要素生产率变化，算出四要素错配的影响效应大小，减少了因生产要素考虑不全而导致的全要素生产率损失偏差。

4.1　理论模型构建

4.1.1　资源错配对TFP的边际效应

以竞争性的市场体系为参考，从现实角度反观，要素价格不可能完全依据其边际产出价值，必然存在各种摩擦性因素和对这种理想定价的冲击，因而要素价格会偏离这种边际定价的理论路径，进而产生配置扭曲，即资源错配。在本书，以要素价格不等于其边际产出价值为要素价格的扭曲，由此引致非帕累托有效的要素资源错配，对TFP产生影响。具体模型构建过程如下。

4.1.1.1　资源错配与全要素生产率

1.基本假设

参考Hsieh和Klenow[3]、戴魁早和刘友金[137]、吕承超和王志阁[138]的理论模型，构建资源错配系数与全要素生产率的关系模型。此部分的行业生产函数假设与第3.1.1节中的行业生产函数假设一致，不在此赘述，在此基础上，考虑消费者和生产者的市场均衡，设定如下。

2.消费者行为

设定当市场均衡时，消费者消费所有商品获得的CES总效用函数为：

$$U = (\sum_{i=1}^{N} Y_i^{\frac{\sigma-1}{\sigma}})^{\frac{\sigma}{\sigma-1}} = (Y_1^{\frac{\sigma-1}{\sigma}} + Y_2^{\frac{\sigma-1}{\sigma}} + Y_3^{\frac{\sigma-1}{\sigma}} + \cdots + Y_N^{\frac{\sigma-1}{\sigma}})^{\frac{\sigma}{\sigma-1}} \qquad (4\text{–}1)$$

（$\sigma>1$，表示不同产品的替代弹性），以P_i表示商品i的价格（假设厂商是价格接受者），定义CES价格总指数为：

$$P = (\sum_{i=1}^{N} P_i^{1-\sigma})^{\frac{1}{1-\sigma}} = (P_1^{1-\sigma} + P_2^{1-\sigma} + P_3^{1-\sigma} + \cdots + P_N^{1-\sigma})^{\frac{1}{1-\sigma}} \qquad (4\text{–}2)$$

消费者消费总支出设为I，则消费者效用最大化问题可表示为：

$$\text{Max} U = (\sum_{i=1}^{N} Y_i^{\frac{\sigma-1}{\sigma}})^{\frac{\sigma}{\sigma-1}} \qquad (4\text{–}3)$$

$$s.t. \ \ I = \sum_{i=1}^{N} P_i Y_i \qquad (4\text{–}4)$$

建立拉格朗日方程求解效用最大化条件可得：

$$Y_i = \frac{P_i^{-\sigma}}{P^{1-\sigma}} \cdot I \qquad (4\text{–}5)$$

式（4-5）说明消费者效用最大化时，对代表性企业 i 商品的需求量与 i 商品的相对价格及消费总支出有关。

3. 生产者行为

假设在长期分析中，企业的生产要素投入均可变，无固定成本；且企业沿着边际成本等于最小平均成本的下包络线扩张产量，则总成本可以表示为边际成本与产出的乘积 $TC_i = MC_i Y_i$，在满足市场均衡，消费者效用最大化条件下，代表性企业实现利润最大化可表示为：

$$\text{Max} \quad \pi_i = \left(P_i Y_i - MC_i Y_i \right) \tag{4-6}$$

$$s.t. \quad Y_i = \frac{P_i^{-\sigma}}{P^{1-\sigma}} \cdot I \tag{4-7}$$

可得企业利润最大化的条件为：

$$P_i = \frac{\sigma}{\sigma - 1} \cdot MC_i \tag{4-8}$$

此时企业产品价格是边际成本的加成。为获得成本与投入要素相关变量之间的关系，在既定产量下，讨论企业成本最小化问题。成本最小化条件为：

$$\text{Min} \quad TC_i = \left\{ (1 + \tau_{Ki}) P_K \cdot K_i + (1 + \tau_{Li}) P_L \cdot L_i + (1 + \tau_{Ei}) P_E \cdot E_i + (1 + \tau_{Mi}) P_M \cdot M_i \right\}$$

$$s.t. \quad Y_i = TFP_i \cdot K_i^{\alpha_i} \cdot L_i^{\beta_i} \cdot E_i^{\gamma_i} \cdot M_i^{\delta_i} \tag{4-9}$$

建立拉格朗日函数，对每个投入要素及拉格朗日乘数因子求一阶偏导，计算可得各要素投入的表达式：

$$J_i = \left(\frac{Y_i}{TFP_i} \right)^{\frac{1}{\sum S_J}} \left[\frac{S_J^{\sum\limits_{j \neq J} S_J} \cdot \prod\limits_{j \neq J} \left[P_j (1 + \tau_{ji}) \right]^{S_J}}{\left(\prod\limits_{j \neq J} S_J^{S_J} \right) \cdot \left[P_J (1 + \tau_{Ji}) \right]^{\sum\limits_{j \neq J} S_J}} \right]^{\frac{1}{\sum S_J}} \quad \begin{array}{l} [J(j) = K、L、E、M. \\ S_{J(j)} : J(j) \text{要素的产出弹性}] \end{array} \tag{4-10}$$

上式表明，当产出给定时，各生产要素的投入量受全要素生产率、要素价格扭曲因子的影响。当其他条件不变时，全要素生产率的提高会降低要素投入水平。进一步将要素投入式（4-10）代入总成本式（4-9），计算 TC_i，整理可得：

$$TC_i = \left(\frac{Y_i}{TFP_i} \right)^{\frac{1}{\alpha_i + \beta_i + \gamma_i + \delta_i}} \left[\left[P_K (1 + \tau_{Ki}) \right]^{\alpha_i} \left[P_L (1 + \tau_{Li}) \right]^{\beta_i} \left[P_E (1 + \tau_{Ei}) \right]^{\gamma_i} \left[P_M (1 + \tau_{Mi}) \right]^{\delta_i} \right]^{\frac{1}{\alpha_i + \beta_i + \gamma_i + \delta_i}} \cdot$$

$$\underbrace{\left[\left(\frac{\alpha_i^{\beta_i + \gamma_i + \delta_i}}{\beta_i^{\beta_i} \gamma_i^{\gamma_i} \delta_i^{\delta_i}} \right)^{\frac{1}{\alpha_i + \beta_i + \gamma_i + \delta_i}} + \left(\frac{\beta_i^{\alpha_i + \gamma_i + \delta_i}}{\alpha_i^{\alpha_i} \gamma_i^{\gamma_i} \delta_i^{\delta_i}} \right)^{\frac{1}{\alpha_i + \beta_i + \gamma_i + \delta_i}} + \left(\frac{\gamma_i^{\alpha_i + \beta_i + \delta_i}}{\alpha_i^{\alpha_i} \beta_i^{\beta_i} \delta_i^{\delta_i}} \right)^{\frac{1}{\alpha_i + \beta_i + \gamma_i + \delta_i}} + \left(\frac{\delta_i^{\alpha_i + \beta_i + \gamma_i}}{\alpha_i^{\alpha_i} \beta_i^{\beta_i} \gamma_i^{\gamma_i}} \right)^{\frac{1}{\alpha_i + \beta_i + \gamma_i + \delta_i}} \right]}_{C_i}$$

$$\tag{4-11}$$

式（4-11）表明，企业 i 的总成本是关于全要素生产率、要素价格、要素产出弹性、规模报酬等因素的函数。式（4-11）对 Y_i 求导得边际成本 MC_i。

$$MC_i = \frac{\partial TC_i}{\partial Y_i} = \frac{1}{\alpha_i + \beta_i + \gamma_i + \delta_i} \left(\frac{1}{TFP_i}\right)^{\frac{1}{\alpha_i + \beta_i + \gamma_i + \delta_i}} Y_i^{\frac{1-(\alpha_i + \beta_i + \gamma_i + \delta_i)}{\alpha_i + \beta_i + \gamma_i + \delta_i}} \cdot \tag{4-12}$$

$$\left[[P_K(1+\tau_{Ki})]^{\alpha_i} [P_L(1+\tau_{Li})]^{\beta_i} [P_E(1+\tau_{Ei})]^{\gamma_i} [P_M(1+\tau_{Mi})]^{\delta_i}\right]^{\frac{1}{\alpha_i + \beta_i + \gamma_i + \delta_i}} \cdot C_1$$

将式（3-9）代入式（4-12），化简再代入式（4-8），整理得 TFP_i 的表达式。

$$TFP_i \backsimeq \left[P_K \lambda_{Ki}^{-1}\right]^{\alpha_i} \left[P_L \lambda_{Li}^{-1}\right]^{\beta_i} \left[P_E \lambda_{Ei}^{-1}\right]^{\gamma_i} \left[P_M \lambda_{Mi}^{-1}\right]^{\delta_i} \cdot C_2 \tag{4-13}$$

进一步将式（3-11）代入式（4-13）可得：

$$TFP_i \backsimeq (P_K)^{\alpha_i} (P_L)^{\beta_i} (P_E)^{\gamma_i} (P_M)^{\delta_i} \cdot \left(\frac{1}{\lambda_i}\right)^{\alpha_i + \beta_i + \gamma_i + \delta_i} \cdot C_2 \tag{4-14}$$

为进一步了解资源错配对全要素生产率的影响，进行导数计算。式（4-13）和式（4-14）分别对 λ_{ji}、λ_i 求一、二阶偏导，易知 $\frac{\partial TFP_i}{\partial \lambda_i(\lambda_{ji})} < 0$，$\frac{\partial^2 TFP_i}{\partial^2 \lambda_i(\lambda_{ji})} > 0$（对 λ_{ji} 求导时假设其他要素错配不变且与其不相关），所以错配系数 $\lambda_i(\lambda_{ji})$ 与全要素生产率 TFP_i 呈反向变化单调递减凸函数关系，随着 $\lambda_i(\lambda_{ji})$ 的增大，错配程度对 TFP_i 的边际负效应逐渐降低。

由此可知，资源错配程度的提高会导致企业或行业全要素生产率的下降，并且随着错配程度的不断提高，对全要素生产率的抑制程度逐渐降低。反过来，资源错配程度的改善有利于提高全要素生产率，并且随着错配程度的不断改善，对全要素生产率的促进作用会逐渐增强。同时也说明，当资源错配程度较高，不同企业或行业之间的错配程度存在较大差距时，全要素生产率的差距可能不大；当要素错配程度较低，不同企业或行业之间的错配程度相差不大时，全要素生产率的差异可能会很大。

通过上述理论模型的推导，本书推断资源错配对全要素生产率的影响表现为边际负效应递减规律。为了验证这种关系，需要选择合适的度量方法估计二者的取值并进行计量模型检验。全要素生产率可以通过估计生产函数用索洛余值表示，资源错配系数的估计用第3章构建的模型。

在第3章定义的资源绝对错配系数，反映了企业或行业使用生产要素成本价格的绝对差异，但在分析要素在企业或行业间的配置时，相对错配程度更具有代表性。如果各个企业或行业面临的冲击使得要素价格同时同向提升或下降近似一致的比例，则要素的相对价格基本没有变化，从而要素在企业或行业间的配置几近不变，所以相对错配的度量更能显现实际价格或配置的差异，且在实际测算中，绝对错配系数很难直接计算，故在绝对错配系数的基础上，定义了资源相对错配系数 [式（3-10）]，反映同经济的平均水平相比，企业或行业要素相对错配情况。

由式（3-10）可知用 $\tilde{\lambda}_{ji}$ 表示 λ_{ji} 为：

$$\lambda_{ji} = \frac{\tilde{\lambda}_{ji} \sum_{n \neq i}^{N} \frac{v_n s_n}{\tilde{s}} \lambda_{jn}}{1 - \tilde{\lambda}_{ji} \frac{v_i s_i}{\tilde{s}}}, \quad \frac{\partial \lambda_{ji}}{\partial \tilde{\lambda}_{ji}} = \sum_{n \neq i}^{N} \frac{v_n s_n}{\tilde{s}} \lambda_{jn} \cdot \frac{1}{(1 - \tilde{\lambda}_{ji} \frac{v_i s_i}{\tilde{s}})^2} > 0 \quad （4-15）$$

λ_{ji} 与 $\tilde{\lambda}_{ji}$ 是同向变动，TFP_i 与 $\tilde{\lambda}_{ji}$ 的变动方向和 TFP_i 与 λ_{ji} 的一致，且表达意义相通，在后文的检验中用 $\tilde{\lambda}_{ji}$ 值估计 λ_{ji} 进行分析。为方便起见，在下文将综合资源相对错配系数简称为资源错配系数，用 RM_{CD} 表示。

4.1.1.2 计量检验模型

在全要素生产率及资源错配系数可被估计的条件下，建立计量模型检验两者的关系。先对式（4-14）两边取对数可得：

$$\ln TFP \simeq \alpha_i \ln P_K + \beta_i \ln P_L + \gamma_i \ln P_E + \delta_i \ln P_M - (\alpha_i + \beta_i + \gamma_i + \delta_i) \ln \lambda_i + \ln C_2 \quad （4-16）$$

由相关文献研究可知，全要素生产率除了受资源错配影响，还与企业或行业的规模、技术水平、绩效等因素相关。且由于经济活动的惯性，效率会有滞后效应和回波、扩散效应，故考虑当期全要素生产率会受到过去水平的影响，因此在模型中加入全要素生产率的滞后项进行考察具有重要意义。鉴于前文资源错配影响全要素生产率的边际效应递减规律，在模型中加入错配系数的一次项和二次项，且考虑错配系数的取值范围，在检验时不取对数。为了简便，用 TP 表示 $\ln TFP$，用 RM_{CD} 表示资源错配系数，式（4-16）中与错配系数相关的其他项与竞争性要素价格、产品价格、要素产出弹性及产品替代弹性相关，综合以上情况，并考虑数据的可获得性，建立如下简式计量模型：

$$TP_{i,t} = \rho_0 + \rho_1 TP_{i,t-1} + \rho_2 RM_{CD_{i,t}} + \rho_3 RM_{CD_{i,t}}^2 + \sum \phi_i Cr_{i,t} + \mu_i + \upsilon_t + \varepsilon_{i,t} \quad （4-17）$$

$Cr_{i,t}$ 代表影响全要素生产率变化的控制变量，μ_i 是不可观测的行业效应，υ_t 为时间效应，$\varepsilon_{i,t}$ 是随机扰动项。如果 $RM_{CD_{i,t}}$ 的一次项和二次项系数分别小于零和大于零，则可以验证资源错配影响全要素生产率的边际负效应递减规律。

4.1.2 资源错配对TFP的综合效应

上述理论模型的构建可以检验资源错配对全要素生产率的边际影响效应。为进一步测度资源配置对全要素生产率变化的综合影响效应，在总产出增长核算框架下分解出资源错配的影响程度，通过判断其大小和方向可以进一步判断当前要素配置是否有效。将式（3-12）代入式（3-1），两边同取对数，定义 t 到 $t+1$ 时刻经济总产值变化为 $\Delta\ln Y^t=\ln Y^{t+1}-\ln Y^t$，$\Delta$ 为向前差分算子，$\Delta X^t=X^{t+1}-X^t$，则 $\Delta\ln Y^t$ 可以分解为：

$$\Delta\ln Y^t=\underbrace{\sum_{i=1}^{n}\overline{v}_i^t\Delta\ln TFP_i^t}_{A}+\underbrace{\sum_{i=1}^{n}\overline{v}_i^t\ln[(\frac{(v_i^{t+1})^{\alpha_i+\beta_i+\gamma_i+\delta_i}}{(v_i^t)^{\alpha_i+\beta_i+\gamma_i+\delta_i}})/(\frac{(\tilde{\alpha}_i^{t+1})^{\alpha_i}(\tilde{\beta}_i^{t+1})^{\beta_i}(\tilde{\gamma}_i^{t+1})^{\gamma_i}(\tilde{\delta}_i^{t+1})^{\delta_i}}{(\tilde{\alpha}_i^t)^{\alpha_i}(\tilde{\beta}_i^t)^{\beta_i}(\tilde{\gamma}_i^t)^{\gamma_i}(\tilde{\delta}_i^t)^{\delta_i}})]}_{B}+$$

$$\underbrace{\sum_{i=1}^{n}\overline{v}_i^t(\alpha_i\Delta\ln\tilde{\lambda}_{Ki}^t+\beta_i\Delta\ln\tilde{\lambda}_{Li}^t+\gamma_i\Delta\ln\tilde{\lambda}_{Ei}^t+\delta_i\Delta\ln\tilde{\lambda}_{Mi}^t)}_{C}+$$

$$\underbrace{\sum_{i=1}^{n}\overline{v}_i^t(\alpha_i\Delta\ln K^t+\beta_i\Delta\ln L^t+\gamma_i\Delta\ln E^t+\delta_i\Delta\ln M^t)}_{D} \tag{4-18}$$

其中 $\overline{v}_i^t=(v_i^t+v_i^{t+1})/2$。

总产出的变化可以分解为 A：各行业 TFP 的变化；B：各行业产出配置份额的变化；C：各行业资源错配程度的变化；D：各行业要素投入的变化。前三项之和是行业总 TFP 的变化，B、C 两项之和为总配置效应，C 项取值大小可以反映资源错配对总 TFP 变化的直接影响程度，且从 C 项的表达式可知，资本、劳动、能源及其他中间投入的错配效应可被分别求解。式（4-18）可以看作 Chenery 等[139]，Basu 和 Fernald[140]，Aoki[4]，陈永伟和胡伟民[76]对 TFP 变化分解框架的进一步充实。

4.2 实证检验

4.2.1 变量与数据说明

制造业各行业及投入产出数据已在第 3.2 节中说明。对计量模型的检验，被解释变量：全要素生产率的对数值，用 TP 表示。对 $C-D$ 生产函数式（3-1）取对数回归，估计出各要素产出弹性之后计算出全要素生产率。核心解释变量：资源错配系数，用 RM_{CD} 表示，反映要素配置的综合错配情况。根据式（3-14）计算的错配系数是相对值，取值接近 1 说明要素配置几近无错配，取值在 0～1 之间说明要素配置不足，越接近 0 错配越严重；取值大于 1 说明要素配置过量，取值越大错配越严重。为了验证全要素生产率随要素错配单向变动的反映规律，将错配系数转变成 0～1 之间的量，且取值越大说明错配越严重，取值越小说明错配程度越小。故将错配系数减 1 之后取绝对值计入模型表示资源错配程度的大小，这与白俊红和刘宇英[101]、潘雅茹和高红贵[102]、崔书会等[103]的处理方式一致，且与经验认知一致。

4.2.1.1　控制变量

行业规模（*IS*）：行业内厂商平均规模的扩大可以通过技术效率改善促进 *TFP* 增长[141]；企业规模与生产率之间呈现倒 U 型关系，大多数企业规模的扩大有利于生产率的提高[142]。本书用主营业务收入除以企业单位数表示。行业外向度（*FO*）：体现了行业对外贸易的发展水平，出口企业因在生产中可能接触高质量原材料而促进技术开发，间接实现生产率提高，比非出口企业有较高的生产率提升[143]。本书用出口交货值除以工业销售产值表示。行业绩效（*IP*）：企业绩效的改善可以在一定程度上溯化要素市场扭曲对创新效率的抑制作用[137]，本书用利润总额除以销售收入表示。行业资本密集度（*CI*）：资本作为重要的生产要素对生产率的影响是显而易见的，高资本投入可以为生产活动提供优越的环境条件，包括对优质人才的吸引和先进设备的引进，进而有更大的机会实现生产率的提高。本书用资本存量除以工业总产值表示。行业外资度（*FC*）：引入外资有助于提高企业的绿色全要素生产率，且促进作用具有持续性[144]，本书用外商资本除以实收资本表示。行业创新效率（*IE*）：技术创新可以引起技术进步，进而促进全要素生产率的提高。以行业科技活动人员、研究与试验发展（*R&D*）经费为投入，以新产品产值为产出，应用 *SBM – DEA* 投入导向 *CCR* 模型计算创新效率值。除了第 3.2.3 节中的数据来源，本部分还参考了《中国科技统计年鉴》。

4.2.2　边际效应检验——基于计量模型的检验与分析

4.2.2.1　全要素生产率估计

在第 3 章已估计出各要素产出弹性，进一步根据索洛余值表示全要素生产率。表 4–1 给出了部分行业近 11 年的全要素生产率对数值，观察可知行业间差异显著。造纸和纸制品业，石油、煤碳及其他燃料加工业，橡胶和塑料制品业，电气机械及器材制造业，计算机、通信和其他电子设备制造业表现出较高的生产率。化学纤维制造业，酒、饮料和精制茶制造业，有色金属冶炼和压延加工业，非金属矿物制品业的生产率偏低。在所列区间内，各行业生产率增幅不同，计算平均增长率可知，除了石油、煤碳及其他燃料加工业及化学纤维制造业表现出负增长，其余行业均有不同幅度的正向增长。

表4-1 部分行业部分年度的全要素生产率对数值

行业	年份										
	2010	2011	2012	2013	2014	2015	2016	2017	2018	2019	2020
酒、饮料和精制茶制造业	0.471	0.477	0.475	0.467	0.470	0.471	0.478	0.491	0.496	0.507	0.492
造纸和纸制品业	1.407	1.403	1.395	1.391	1.396	1.403	1.412	1.408	1.422	1.421	1.448
石油、煤碳及其他燃料加工业	1.357	1.374	1.369	1.360	1.344	1.304	1.302	1.301	1.303	1.305	1.307
化学纤维制造业	0.353	0.335	0.336	0.337	0.344	0.351	0.341	0.335	0.342	0.340	0.344
橡胶和塑料制品业	1.673	1.684	1.673	1.677	1.675	1.675	1.674	1.680	1.707	1.706	1.716
非金属矿物制品业	0.467	0.476	0.464	0.463	0.461	0.469	0.478	0.479	0.505	0.492	0.477
有色金属冶炼和压延加工业	0.397	0.399	0.399	0.401	0.395	0.420	0.440	0.413	0.443	0.443	0.455
电气机械及器材制造业	1.159	1.154	1.149	1.152	1.157	1.161	1.171	1.179	1.196	1.213	1.225
计算机、通信和其他电子设备制造业	1.069	1.089	1.089	1.091	1.100	1.115	1.115	1.111	1.116	1.114	1.113

4.2.2.2 各行业在全要素生产率与综合资源错配系数维度的表现

根据第3章计算的综合资源错配系数λ_i及本章的全要素生产率TFP_i对数值，计算了2016—2020年间的平均值，绘制了制造业两位数行业的散点分布图（图4-1）。通过计算三分位数将全要素生产率划分为高、中、低水平，并画出了分界线。观察可知，2016—2020年，橡胶和塑料制品业，文教体育用品制造业，造纸和纸制品业，石油、煤碳及其他燃料加工业，化学原料及化学制品制造业表现出高生产率及高配置，此类行业发展需充分考虑产出需求，避免导致产能过剩。纺织服装、服饰业，皮革、毛皮、羽毛及其制品和制鞋业，烟草制品业，电气机械及器材制造业表现出高生产率及低配置，此类行业的配置不足主要受能源要素低配置影响，像此类中的轻工业，产能已较充足，且技术要求相对于其他行业而言较低，发展水平相对稳定。化学纤维制造业，有色金属冶炼和压延加工业，酒、饮料和精制茶制造业等近10个行业表现出低生产率及低配置，此类行业可在满足市场需求的情况下，加强竞争发展，在市场机制优胜劣汰的基础上，引入适度政策干预，淘汰低生产率企业。家具制造业表现为低生产率及高配置，此类行业需要进一步提高生产率，避免资源过度消耗及浪费。包含重点发展产业的通用设备制造业，计算机、通信和其他电子设备制造业表现为中等生产率及低配置，此类行业的生产率有待提高，可以适度通过降低价格成本优化配置，以释放效率提升空间。

资源配置与生产率分布不平衡易引起部分产品的供给过剩与供给不足。供给过剩表现为制造业部分行业存在产能过剩。根据国家统计局报告，中国制造业 2020—2022 年的产能利用率分别为 74.9%、77.8%、75.8%。2020—2022 年，非金属矿物制品业的产能利用率最低，为 68.3%；食品制造业为 72%；汽车制造业在 73% 左右；不同行业呈现出不同程度的产能过剩。2022 年底，美国的产能利用率为 78.8%，法国的为 78.08%，德国的为 84.2%，澳大利亚的为 83.7%，产能利用率均高于中国，日本和韩国的产能利用率分别为 95.9%、105%，表现出产能不足[①]。产能过剩的表现与生产要素配置的过度密切相关，发展中国家企业很容易对未来投资趋向产生共识，投资上出现"潮涌现象"[145]。在经济繁荣时期，良好的预期增长拉动投资增加，使生产能力扩张，但经济转入衰退期时，总需求的萎缩使企业在短期内较难做出调整，产能不能及时退出导致相对过剩[146]。地方保护主义及过度补贴降低了企业投资成本和风险，导致企业盲目扩张带来过剩产能[147]。政策扶持尤其是长期以来的基建投资倾向，增加了受扶持行业的需求，拉动了产能进一步增长，但后期相关投资回报率下降后，过剩产能不易及时调整，阻碍了企业盈利[41]。相较于完全竞争市场，寡头垄断、垄断竞争及完全垄断等不完全市场的低要素配置效率易引发产能过剩，在长期的混合寡头垄断市场中，产能过剩成为企业获得高利润的政策手段，通过过度投入维持产能过剩的高回报[148]。产能过剩体现了供需关系失衡，从已有相关研究来看，关键原因为资本过度投资，体现了资源浪费与非有效配置。

供给过剩主要集中在中低端产品制造业，中低端产品制造业主要依靠传统工艺，技术水平不高，劳动效率不高，劳动强度大。高端产品制造业与之相反，主要依靠高新技术和高端装备，易取代低端制造业，对生产率有较高的要求，且易出现供给不足。从制造业各行业的生产率测算结果来看，中低端产业表现出相对较高的生产率，而高端制造的生产率水平偏低且配置相对不足，由此说明在关键领域，生产率还有很大的提升空间。以制造业在关键领域面临的"卡脖子"困境为例，企业技术创新能力不足，在一些高端产品的生产上没有掌握核心技术，当资本收益长期

---

① 产能利用率数据源自 Trading Economics 官网公布的数据，https://zh.tradingeconomics.com/indicators。

高于劳动力工资，对资本积累的注重容易忽视高技能劳动力的培养，高技术水平无以依托，易出现技术短板。与发达国家相比，我国仍典型地具有劳动力比较丰富、资本较为稀缺的特点，2019年，中国的人均资本存量为4 590美元／人，仅相当于美国的32.05%，这就决定了中国的比较优势长期集中于劳动密集型的产业，这种要素禀赋结构也决定了中国的生产率水平是较为低下的[111]。

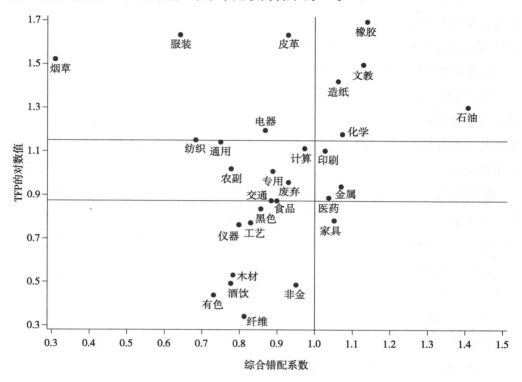

注：纵坐标计算了 TFP 对数值的三分位数，分别为0.8734、1.1506，将生产率划分为高、中、低三个等级；横坐标标出资源配置相对有效值1.0，便于观察不同行业所处的状态，行业名称简写为全称的前两个字。

图4-1 2016—2020年各行业TFP对数值与综合错配系数平均值的散点图

4.2.2.3 边际效应检验与分析

对式（4-17）动态面板模型进行估计时易出现内生性问题，当研究截面数大于时间序列项时，文献多采用广义矩估计（GMM）方法克服，常用的方法有差分GMM、水平GMM和系统GMM。差分GMM的前提条件是扰动项不存在自相关，对动态面板模型差分之后常采用更高阶的滞后变量作为工具变量进行GMM估计。但该方法消掉了不随时间变化的变量，且当被解释变量的持续性很强时，会出现弱工具变量问题。水平 GMM 回到了差分之前的水平方程，使用差分变量即非水平变量作为工具变量克服之前的问题，但使用前提条件引入的差分式工具变量不与个体效应相关，条件变得更严格，且水平式方程的内生性问题是否存在有疑义。系统 GMM 将差分方程与水平方程视为一个系统进行估计，满足水平 GMM 的使用前提条件，与差分 GMM 相比可提高估计效率，可以估计不随时点变化的参数。本书采用聚类稳健标准误混合回归（POLS）、双向固定效应回归（Two-wayFE）、差分 GMM 和系统 GMM 估计动态面板模型，对不同方法结果比较以检验估计结果的稳定性。

1. 资源错配对全要素生产率影响的估计结果

表 4-2 列出了对式（4-17）的估计结果，根据 Bond[149] 的研究，当样本量较小或工具变量较弱时，GMM 估计量易出现偏差，当 GMM 模型中被解释变量一阶滞后项的估计系数在混和估计模型和固定效应模型估计的系数之间时，认为 GMM 的估计结果较稳定，本书模型结果满足此条件，可以认为模型估计结果较稳定。比较模型 3 与模型 4 的估计和检验结果，选择模型 3 即差分 GMM 的估计结果进行分析。上一期的全要数生产率对当期影响显著，资源错配系数 RM_{CD} 的系数在 5% 的显著性水平下为负（-0.0034），说明资源错配显著抑制了全要素生产率的提高，或者说，资源错配的改善可以提高全要素生产率。RM_{CD} 的二次项系数在显著性水平为 10% 时，显著为正（0.001），说明随着资源错配程度的不断提高，资源错配对全要素生产率的边际负效应递减，从而验证了上文构建的两者之间的理论关系模型。从而也说明，在资源错配改善的初期，对全要素生产率的提高作用可能并不显著，但随着要素市场的不断深入改革，伴随错配程度的逐渐降低，对全要素生产率的提升作用会逐渐增强。

从其他控制变量来看，行业规模的估计系数比较小，对全要素生产率的影响甚微。行业绩效和行业外资度的估计系数未通过检验。行业外向度、行业资本密集度和行业创新效率对全要素生产率有显著的正向促进效应。

表 4-2　资源错配对全要素生产率的影响检验

变量	模型 1-POLS	模型 2-Two-wayFE	模型 3- 差分 GMM	模型 4- 系统 GMM
TP_{t-1}	0.892*** (20.31)	0.353*** (5.31)	0.485*** (15.31)	0.887*** (13.52)
RM_{CD}	-0.003 6** (-2.07)	-0.000 4 (-1.62)	-0.003 4** (-2.19)	-0.010 1* (-2.01)
RM^2_{CD}	0.001 3 (1.12)	0.000 9* (1.71)	0.001* (1.72)	0.002 9* (1.96)
IS	-0.001 (-1.62)	-0.000 61 (-1.42)	-0.000 81* (-1.73)	0.000 01 (0.93)
FO	0.001 36 (0.31)	0.012 4 (1.03)	0.012* (1.81)	0.024 5** (2.35)

变量	模型 1–POLS	模型 2–Two-wayFE	模型 3– 差分 GMM	模型 4– 系统 GMM
IP	0.044***(4.15)	0.013 8**(2.23)	0.001 9(1.04)	0.029(1.67)
CI	0.001 9(1.59)	0.086**(2.28)	0.116**(2.63)	0.005(1.17)
FC	0.003 9*(1.87)	0.046 4(1.36)	0.105 8(0.95)	0.014 7(1.51)
IE	0.001 4*(1.77)	0.005 8*(1.90)	0.004 5*(1.91)	0.006 7**(2.09)
AR(1)	——	——	−3.66(0.000)	−3.03(0.002)
AR(2)	——	——	−1.63(0.103)	−1.04(0.297)
Sargan			27.13(0.792)	26.94(1.000)

注：GMM模型用两步估计，以被解释变量的滞后二阶项、IS和FO的滞后一阶项为工具变量。差分GMM和系统GMM的结果表明扰动项的差分存在一阶自相关，但不存在二阶自相关，故认为扰动项无自相关。Sargan检验不拒绝所有工具变量都有效的原假设，以上检验表明模型中的工具变量选取有效，模型估计结果可信。AR括号外表示 Z检验值，括号内表示 P值，Sargan括号外表示 chi2 值，括号内表示 p值，其余括号内为估计系数的 T值，***、**、*分别表示在1%、5%、10%的显著性水平下估计系数显著，下同。

　　为了分析行业特征变量对资源错配效应的影响，在估计模型时，通过依次添加行业特征变量的方式来观察资源错配的系数变化。表4–3模型的估计包含全要素生产率的一阶滞后项，RM_{CD} 的一、二次项，行业绩效和行业外向度（后两个变量整体检验中估计系数未通过检验，不单独分析其影响，表中仅列出主要变量系数），在模型2至模型5依次加入四个变量。从模型估计结果看，RM_{CD} 的估计系数显著为负，估计结果较稳定。依次加入行业规模、行业外向度、行业资本密集度和行业创新效率后，RM_{CD} 的估计系数的绝对值在变小，说明这四个因素的提升有利于弱化资源错配对全要素生产率的抑制作用。

表4–3　行业特征变量对资源错配效应的影响检验——差分GMM估计

变量	模型 1	模型 2	模型 3	模型 4	模型 5
RM_{CD}	−0.004 8** (−2.05)	−0.004 7*** (−6.14)	−0.004 6** (−2.14)	−0.003 8*** (−3.14)	−0.003 4** (−2.19)
IS	——	0.000 57**(2.01)	0.000 85 (1.08)	−0.000 55 (−1.41)	−0.000 81* (−1.73)
FO	——	——	0.022**(2.17)	0.020 5 (1.54)	0.012* (1.81)
CI	——	——	——	0.089 (1.36)	0.116** (2.63)
IE	——	——	——		0.004 5* (1.91)

变量	模型1	模型2	模型3	模型4	模型5
$AR(1)$	−3.29 （0.001）	−1.96 （0.05）	−1.70 （0.048）	−1.99 （0.047）	−3.03 （0.002）
$AR(2)$	−1.18 （0.238）	−1.25 （0.212）	−0.73 （0.464）	−1.64 （0.102）	−1.04 （0.297）
Sargan	15.29 （0.122）	9.12 （0.244）	5.60 （0.470）	18.01 （0.455）	26.94 （1.000）

2.资源错配影响全要素生产率的行业差异

根据要素密集度可以把制造业划分为不同要素密集度行业类型，借鉴阳立高等[150]的分类，将制造业分为劳动、资本、技术密集型三大类型①。在全样本实证检验的基础上，对三类行业分别进行资源错配对全要素生产率影响的检验。分别用聚类稳健标准误混合回归（POLS）、双向固定效应估计（Two-wayFE）和差分GMM估计，结果如表4-4所示。

以差分GMM估计结果比较变量对劳动密集型、资本密集型及技术密集型行业全要素生产率的影响。全要素生产率滞后一阶项系数均显著，说明存在显著的滞后效应，且对资本密集型行业的影响强于对劳动及技术密集型行业。要素错配对资本密集型行业的负向影响强于劳动及技术密集型行业。行业规模对劳动密集型行业的影响较显著，但作用较小。行业外向度对劳动密集型行业的影响显著为负，但影响较小，说明对于劳动资源投入相对较多的行业出口贸易值的增加对提高全要素生产率并不显著，但对技术密集型行业有显著的促进作用。资本密集度对资本及技术密集型行业的影响显著为正，与其行业特征相吻合。行业外资度对劳动密集型行业的作用显著为正，说明外资的引进有利于促进生产率提升。创新效率对资本及技术密集型行业的生产率具有显著的促进作用。通过以上分析可知，在行业分类下，资源错配影响全要素生产率边际负效应递减的结论同样成立。

---

①劳动密集型：农副食品加工业，食品制造业，纺织业，纺织服装、服饰业，皮革、毛皮、羽毛及其制品和制鞋业，木材加工及竹、藤、棕、草制品业，家具制造业，印刷业和记录媒介的复制业，文教体育用品制造业，橡胶和塑料制品业，非金属矿物制品业，金属制品业，工艺品及其他制造业，废弃资源综合利用业。资本密集型：酒、饮料和精制茶制造业，烟草制品业，造纸和纸制品业，石油、煤碳及其他燃料加工业，化学原料及化学制品制造业，化学纤维制造业，黑色金属冶炼和压延加工业，有色金属冶炼和压延加工业，通用设备制造业。技术密集型：医药制造业，专用设备制造业，交通运输设备制造业，电气机械及器材制造业，计算机、通信和其他电子设备制造业，仪器仪表及文化、办公用机械制造业。

表4-4 基于行业分类的资源错配对全要素生产率的影响检验

变量	劳动密集型			资本密集型			技术密集型		
	POLS	Two-wayFE	差分GMM	POLS	Two-wayFE	差分GMM	POLS	Two-wayFE	差分GMM
TP_{t-1}	0.908*** (31.09)	0.218** (2.39)	0.372*** (21.32)	0.901*** (46.12)	0.516*** (4.03)	0.649* (1.98)	0.935 4*** (35.54)	0.484*** (6.87)	0.419** (2.70)
RM_{CD}	−0.006* (−1.82)	−0.009 9* (−1.81)	−0.004 2* (−2.01)	−0.018 (−1.53)	−0.018 9 (−1.61)	−0.016 5* (−2.13)	−0.005* (−2.17)	−0.014 5 (−1.06)	−0.013 3* (−2.16)
RM_{CD}^2	0.002 5** (2.29)	0.003 (1.80)	0.004 1 (1.03)	0.004 1** (2.64)	0.004** (2.47)	0.005 1* (1.91)	0.009 4*** (10.14)	0.018* (2.39)	0.011* (2.09)
IS	0.000 89 (0.98)	0.011 83 (1.69)	0.016 9* (2.01)	0.000 14 (1.12)	0.000 9* (2.21)	0.000 5 (1.08)	0.002 3 (1.32)	0.001 6 (1.76)	0.000 5 (1.12)
FO	0.003 2** (2.45)	0.052* (1.85)	−0.002*** (−4.73)	0.007 1 (1.23)	0.03 (1.46)	0.055 (1.40)	0.012 (1.75)	0.028* (2.36)	0.055* (2.18)
IP	0.119 (1.56)	0.69 (1.74)	0.014 (1.01)	0.042** (3.06)	0.000 5 (1.03)	0.017 8 (1.56)	0.031* (2.31)	0.26 (1.73)	0.18 (1.66)
CI	0.004 1 (1.65)	0.123 (1.52)	0.076 (1.54)	0.008 7 (1.39)	0.079** (2.64)	0.003 2* (1.88)	0.009 4 (1.09)	0.095*** (7.64)	0.082* (1.98)
FC	0.000 4* (1.83)	0.008 9 (1.37)	0.001 4* (1.86)	0.02* (1.94)	0.056 (1.64)	0.052 (1.53)	0.026 (1.38)	0.024* (2.05)	0.032 (1.45)
IE	0.003 6* (1.90)	0.000 8* (2.01)	0.016 (0.99)	0.001 5 (1.01)	0.001 1 (1.003)	0.006*** (11.04)	0.005 2* (2.09)	0.001 2** (2.69)	0.001 6*** (10.05)
$AR(1)$	—	—	−2.40 (0.016)	—	—	−2.57 (0.010)	—	—	−3.02 (0.003)
$AR(2)$	—	—	−2.19 (0.195)	—	—	−1.22 (0.223)	—	—	−0.59 (0.554)
Sargan	—	—	8.39 (1.00)	—	—	4.67 (1.00)	—	—	2.65 (1.00)

4.2.3 综合效应测算——基于经济增长核算框架的分解

上节检验了资源错配对全要素生产率影响的边际效应，本节将考察资源错配变动对制造业整体加总全要素生产率变化的综合影响。根据式（4-18）的分解，得到制造业加总全要素生产率变化的分解项（表4-5）。在研究期间内，制造业总体 TFP 变化基本为正向增长，总体 TFP 变化的最大影响因素是各子行业 TFP_i 的变化，配置效应的影响相对较小。从配置效应内部看，产出份额的平均影响效应略大于资源错配效应；错配效应基本为负向抑制。与无错配状态相比，TFP 平均损失了

24.20%，进一步根据式（4-18）的C项分解出不同要素的错配效应，整理如表4-6，由此可知，资本、劳动、能源及其他中间投入的平均抑制效应占比分别为27.84%、32.16%、24.51%、15.49%，分别使TFP损失了6.74%、7.78%、5.93%、3.75%，劳动的错配影响最大，其次是资本，能源及其他中间投入。从各分解项的大小看制造业整体全要素生产率提高的对策，最重要的还是从中、微观层面提高行业及企业的全要素生产率，与此同时，要解决好经济运行中的各要素资源错配问题。

　　资源错配效应个别年份变化为正，可能与市场未达到均衡及行业政策相关。以国企或央企为例，在政策制度上相较非国有企业有优势，在生产要素的获得上有成本优惠，要素价格的低向扭曲及过度配置为全要素生产率的提高提供了支撑，王文和牛泽东[35]发现近十年央企的实际TFP在各所有制中是最高的。但在实际生产中，错配影响全要素生产率的正效应低于负效应，所以综合来看，现实的生产要素错配抑制了全要素生产率的提高。一方面，说明引发负向效用的错配现象普遍，除了一些政策因素，如产能过剩行业治理的约束、落后产能的淘汰等，还存在明显的市场失灵，要素分配不公，未能按生产率高低实现优化配置；另一方面，能获得"优待"的行业或企业是偏少数的，其高效率及产生的外部经济被高配置低效率或低配置低效率的企业抵消，这与戴小勇[151]对制造业企业要素市场扭曲抵消了企业创新带来的进步最终对全要素生产率的影响为负的结论类似。

表4-5　加总全要素生产率变化的分解

年份	总TFP的变化	各行业TFP的变化	总配置效应	产出份额效应	资源错配效应
2000	0.293	0.232	0.061	0.098	−0.037
2001	−0.198	−0.283	0.085	0.099	−0.014
2002	−0.155	−0.303	0.148	0.054	0.094
2003	0.196	0.182	0.014	0.029	−0.015
2004	0.087	0.178	−0.091	0.110	−0.201
2005	0.255	0.217	0.038	0.039	−0.001
平均	0.080	0.037	0.043	0.071	−0.029
2006	0.267	0.147	0.120	0.215	−0.095
2007	−0.011	0.098	−0.109	0.017	−0.126
2008	0.136	0.124	0.013	0.025	−0.012
2009	0.308	0.229	0.079	0.105	−0.026
2010	0.255	0.226	0.029	0.042	−0.013
平均	0.191	0.165	0.026	0.081	−0.054

续　表

年份	总TFP的变化	各行业TFP的变化	总配置效应	产出份额效应	资源错配效应
2011	0.241	0.201	0.040	0.080	−0.040
2012	0.125	0.099	0.026	0.025	0.001
2013	−0.086	0.061	−0.147	−0.066	−0.081
2014	0.144	0.106	0.038	0.060	−0.022
2015	0.292	0.131	0.161	0.246	−0.085
平均	0.143	0.120	0.024	0.069	−0.045
2016	−0.019	−0.077	0.058	0.057	0.001
2017	0.160	0.171	−0.011	0.020	−0.031
2018	0.130	0.140	−0.010	0.005	−0.015
2019	0.061	0.102	−0.041	−0.005	−0.036
2020	0.015	−0.008	0.023	0.071	−0.048
平均	0.069	0.066	0.004	0.030	−0.026
总平均	0.119	0.094	0.025	0.063	−0.038

表4-6　各要素的平均错配效应

时间	K	L	E	M
2000—2005	−0.011 5	−0.022 4	0.002 6	0.002 3
2006—2010	−0.018 0	−0.011 6	−0.011 0	−0.013 9
2011—2015	−0.021 0	−0.013 2	−0.012 3	0.001 1
2016—2020	0.007 5	−0.002 6	−0.017 2	−0.013 5
总平均	−0.010 8	−0.012 4	−0.009 5	−0.006 0
总占比	27.84%	32.16%	24.51%	15.49%

4.3　本章小结

本章构建了资源错配影响全要素生产率的理论模型，以制造业两位数行业为研究对象进行检验。第一，在理论模型方面，根据市场均衡建立了资源错配影响全要素生产率的边际负效应递减模型。在增长核算框架下分解出要素错配对加总全要素生产率变化的综合影响效应。第二，根据各行业资源错配系数和TFP值的分布，将各行业按高生产率高配置、高生产率低配置、低生产率低配置、低生产率高配置分类，以便于根据行业的不同处境给出不同的发展对策建议，如可以对通用设备制造业等行业积极给予价格支持，避免化学原料及化学制品制造业等行业产能过剩、适度减少要素投入等，有助于优化产业结构。第三，通过构建资源错配与全要素生产率之间的计量模型，检验了资源错配影响全要素生产率的边际负效应递减规律；且在按要素密度分类的行业分析中进行了稳健性检验，并且发现有些行业特征，如行业创新、资本密集度、外向度及规模的提高可以适度抑制资源错配对全要素生产率的负向作用。第四，在增长核算框架下分解加总全要素生产率变化，错配效应的平均影响为负，不同要素表现出不同程度的抑制效应，从大到小依次为劳动、资本、能源及其他中间投入。

从实际生产活动看，资源错配对生产率的影响有促进又有抑制，但抑制效应更显著。当要素价格偏离偏高时，市场失灵或政策摩擦使高生产率企业无法获得充足的资源维持其高效生产，更多的资源流入了低生产率企业，整体拉低了生产率水平[29, 99]。当要素价格偏离偏低时，可以在一定程度上促进生产率的提高，其中部分体现了政策性支持效果，如从一些产业政策看，1995年提出政策上重点扶持高新技术产业，2008年"4万亿"产业计划，2009年十大产业振兴规划，2010年战略性新兴产业规划，突围"卡脖子"的若干政策及行动计划等，不同时期的产业政策在政府补贴、税收优惠、贷款低利率等方面对产业发展发挥重要影响，正如陈钊和熊瑞祥[152]，余明桂等[153]的研究，类似产业政策的宏观调控可以促进企业生产率的提高。但在本书研究期间内，抑制效应更显著，说明引发负向效应的要素价格及配置不合理机制更明显。

5　资源错配的改善路径
——基于智造转型视角

通过上文分析可知，制造业各行业的发展面临不同程度的要素错配，并对全要素生产率的提高产生了显著的抑制效应，本章将基于制造业的智造转型发展探索改善资源错配的有效路径。发展数字经济和提高技术创新是智造转型的两个重要维度，两者对制造业乃至整个国民经济的高质量增长具有与日俱增的影响力，有助于生产方式与生产便捷性的突破。本章将在理论分析的基础上基于前文测算数据，通过构建、应用数字经济增加值及技术创新效率测算方法，检验数字经济和技术创新发展对资源错配的改善效应及其引致的 TFP 效应，为解决资源错配问题探索更多路径。

5.1　智造转型发展影响资源配置的理论分析

改善资源错配，可从造成资源错配的众多具体化来源入手，本书文献综述第 2.3 节整理归纳了已有研究中影响资源错配的具体来源，包括金融环境、税收政策、所有制、行政干预等，总结来看，已有研究多聚焦于市场化或非市场化因素，未充分考虑制造业智能制造发展的影响，加之世界主要经济体重振实体经济及制造业智能化发展，国际竞争加剧，分工格局转变，推动着新的生产方式、产业形态及商业模式的形成，对生产要素的内部流动及外部流动具有显著影响。智能制造的推进需要依托智能制造要素，包括对互联网、物联网、大数据、云计算、人工智能等技术的不断开发创新及应用，以实现企业生产、管理、服务、产品智能化的全新生产方式，这一系列先进技术和手段的应用有助于推动资源的优化配置。

2016 年，工业和信息化部、财政部联合制定了《智能制造发展规划（2016—2020 年）》，将智能制造定义为基于新一代信息通信技术与先进制造技术深度融合，贯穿设计、生产、管理、服务等制造活动的各个环节，具有自感知、自学习、自决策、自执行、自适应等功能的新型生产方式。中国制造业规模虽大，但基础较薄弱，要以"创新驱动，质量为先"为原则，以智能制造为主攻方向，逐步实现制造强国的战略目标。智能制造的发展会经历以计算、通信和控制应用为主要特征的数字化转型，以互联网大规模普及和物联网为主要特征的网络化转型，以大数据、云计算、机器视觉等新一代人工智能技术为核心的智能化制造阶段。2021 年印发的

《"十四五"智能制造发展规划》指出我国智能制造发展取得长足进步，智能制造装备市场满足率超过 50%，供给能力不断提升，但也存在与市场需求匹配性不高、资源要素约束紧张等问题，亟须提高制造业质量、效率效益、数字化转型及创新效能，减少资源消耗。在智能制造发展背景下，本章重点研究数字经济发展和技术创新进行对资源配置的影响。

数字经济依托新兴技术，通过数字化技术与互联网科技推动产出及效率提升，尤其有利于信息传递速度、时效及准确性的提升，对释放要素流动性和提高资源利用效率具有重要作用，是智能制造的关键手段。党的二十大报告提出"加快发展数字经济，促进数字经济和实体经济深度融合，打造具有国际竞争力的数字产业集群"，借助新一代信息技术发展数字经济是制造业转型升级的引擎，是实现高质量发展的内在需求，也是经济发展"新常态"下推进供给侧结构性改革、解决资源错配问题的重要内容。在第2.6节中，部分研究考察了互联网发展、数字经济发展对资源错配的改善效应，但都基于宏观层面，本章将通过测算行业层面的数字经济增加值构建面板回归模型，检验数字经济发展对不同要素错配的影响效应。技术创新是智能制造的关键驱动力，坚持创新驱动、开放合作是智能制造的基本原则之一。创新需要整合各类资源，提倡产学研用协同创新，引导企业、高校、科研院所等组建智能制造创新联盟，推动创新资源向企业集聚，创新前期的资源配置以及创新成果驱动下的生产要素配置比例变化，对生产资源的分配产生了重要影响，本章根据创新投入与产出，通过测算不同阶段的创新效率检验其对不同要素错配的影响。智能制造已成为制造业的重要发展趋势，对于推进制造业供给侧结构性改革、优化资源配置、培育经济增长新动能具有重要意义。

5.1.1　数字经济发展影响资源配置的理论分析

数字经济发展的关键因素包括数据和数字技术，数字产业化发展推动了数据要素的产生及其价值实现，关键技术把社会生产、消费、服务中所创造出来的数据转变成生产要素，用于提供新的应用与服务。产业数字化发展依托数字技术的融合效应促进了产业的数字化转型、智能化转型及网络化普及。数据要素具有易复制、低边际成本、低损耗等特点，数字技术渗透性强、扩散快，两者的供给与广泛应用，加速了传统要素的流动与效率提升，从多角度影响着不同生产要素的配置与使用，是新时代我国加快推进要素市场化改革的重要力量。

数字经济发展创造了新的就业机会和就业形态，有利于劳动要素的优化配置。数字经济的蓬勃发展促进了新型市场主体的快速增长，创造了大量的就业岗位，2020年，数字产业化领域招聘岗位占总招聘数的32.6%，占总招聘人数比重达24.2%，就业岗位占比显著高于同期数字产业化GDP占比；产业数字化领域招聘岗位占总招聘数的67.5%，占总招聘人数比重达75.8%，吸纳就业的能力更强，制造业中如电气机械和器材制造业、通用设备制造业等高技术产业对数字经济岗位的需求相对较大[154]。数字经济发展在创造更多岗位的同时，也破坏了旧岗位，数字新技术的应用可视为资本替代了部分劳动，取代了不适应社会生产发展的低效劳动，但破坏的岗位在数量上少于新创岗位[155]，整体上促进了就业规模扩大。数字化信息平台的普及提升了就业灵活性，劳动力获取信息的能力逐渐提升，数字经济发展总体上提高了劳动要素配置效率[156, 157]，与此同时，劳动者的人力资本及技能的提高会更好地匹配数字经济发展的需要，更充分地利用数字经济发展带来的就业红利。数字技术的发展改变了就业形式和就业结构，消除了劳动形式的时空连通障碍，自由创业者得到发展空间，丰富了劳动者就业及创业的选择范围，优化了劳动力资源配置[158]。数字技术作为智能化生产的一项应用型技术，更偏向于替代劳动，增进劳动要素适应智能化生产结构[159]。数字产业化与产业数字化的良性互动，通过就业灵活化和就业平台化优化劳动力配置，且数字经济发展涵盖的基础设施、产业发展与技术进步通过各自的优势正向影响着劳动力资源配置[160]。

数字技术的广泛应用促进了互联网金融的发展，加快了资本要素的流动，同时新型经济发展拓宽了资本的投资渠道，有利于提高资本的配置效率。在数字技术的广泛普及和应用下，以第三方支付、线上融资、互联网保险等为模式的互联网金融迅速发展，强化了市场竞争。数字金融借助大数据、云计算、区块链和人工智能等技术拓展了资本的服务范围和触达能力，提高了金融效率，同时，在发现投资机会、调动各类形式资本活力、防控和分散风险等方面具有一定优势，提升了资本的配置效率[161]。数字金融的广泛应用有利于金融机构甄别企业的经营信息，根据企业的实际情况提供融资服务，有利于改善信贷资源的错配，以往传统金融服务存在惜贷问题，加大了企业的融资约束[116]。平台经济作为数字经济发展的新型经济形式，依托云、网、端等网络基础设施，并利用数字技术工具撮合交易、传输内容、管理流程等，提高了经济效率，吸引了资本投资，拓宽了资本的投资渠道，同时避免了资本向产能过剩行业的流动，促进了资本的优化配置。平台经济同时加剧了区域市场竞争，作为一种跨区域产业分工与协调机制，促进了产业专业化水平的提高，在价值链驱动下，将机制效应传递至要素市场，使金融资源等要素市场的错配局面得以改善[162]。企业在生产销售、经营决策、价值链关系等方面的数字化转型强度越大，其资本配置效率就越高[163]。

数字经济发展的技术推动效应，有利于实现节能降耗，提高能源的使用效率，降低碳排放。在既要保护生态环境又要实现经济增长的可持续发展目标下，推进绿色制造是必然趋势，要在产品的整个生命周期，即在设计、生产、供应及使用和回收的过程中降低能源消耗，减少对生态环境的污染和破坏[164]。数字技术的推进可以在不同阶段实现节能降耗，如在设计阶段模拟产品的节能减排性；在生产阶段通过海量数据分析优化产品参数降低能源消耗；在供应链环节可视化产品溯源，监测能耗和碳排放数据；在使用环节实时监测产品能耗，识别节能环节及节能空间；在回收阶段推进再生资源的回收利用，通过信息披露提高产品的回收率，促进绿色循环发展。在数字经济时代，数字技术是核心力量，可以渗透到生产活动的各个环节，持续加强数字技术领域的基础科学及重要领域的技术突破是循序渐进实现绿色发展的坚实保障。

数字经济发展有利于促进市场竞争，提高市场的有效性，从而倒逼低效率企业提升资源配置效率。随着各行业数字经济的蓬勃发展，新兴数字技术已不同程度地渗透到各行各业，显著提高了各类市场的透明度，要素的流动性变强且得到了优化。相较于以往，市场信息的及时性、准确性及可获得性得到了大幅提升，从而使企业所在的市场环境变得相对公平。在此改善的市场环境机制下，有利于高效率的企业获得及吸收优质的生产要素，同时依托先进的数字技术释放规模经济效应和范围经济效应，逐步形成强者更强的竞争优势，大幅提升自身的资源配置效率。相反，低效率企业因低技术、低附加值及高能耗的生产特点会逐渐失去生产机会，不利于可持续发展，生存空间进一步被挤压，日益激烈的市场竞争环境将倒逼此类企业实现转型升级，优化资源配置。

数字经济发展有利于企业的数字化管理，挖掘市场有效需求，促进生产供给按需优化配置。数字技术的进步将数据要素与实体产品融合在一起，有助于提高数字化管理水平，通过数据信息的客观表现、高透明度及高传递性，对企业的生产技术、产品供给、财务信息、营销成绩、服务质量、人力绩效等做出高效评估，适时调整生产要素的配置结构。数字技术还有助于构建用户画像[165]，洞悉用户潜在需求并准确预测，促进有效供给匹配，同时可以捕捉用户的差异化需求，了解不同群体之间及群体内部需求的差异性，按个性化需求提供产品和服务，提高用户体验。

大数据应用下的市场需求分析，有助于资源的合理配置，避免无效生产及带来过剩供给。

数字经济发展具有多维利好作用，通过以上分析及结合已有经验研究，本书认为数字经济发展可以显著促进生产要素的优化配置，需要进一步促进各行业对数字技术与时俱进的应用，充分发挥其替代效应与协同效应带来的产出增长与效率提升，助力各产业提质增效、夯实发展根基及构建核心竞争力。

5.1.2 技术创新影响资源配置的理论分析

20世纪初熊彼特提出了"创新理论"，从该理论出发对技术创新的实质可以表述为科学技术进步与经济发展的结合或统一过程。从生产函数的概念出发理解技术创新：在一定时期内，在技术条件不变的情况下，生产函数是生产要素投入与产出之间的数量关系，每一个生产函数都假定一个已知的技术水平，如果技术水平不同，生产函数就会不同，如果企业建立了一种新的生产函数，就说明企业的技术水平或条件发生了变化，并且这种变化将带来经济效益[166]。新生产函数的建立会对要素配置提出新的要求，影响生产要素的配置结构。

技术创新有助于突破要素禀赋约束，调整要素配置结构，持续促进经济增长。在不同经济时期，生产要素按照一定技术水平比例推动经济增长，要素的协同增长会推动产出增加，而当某种要素增长偏慢或减少时会制约经济增长，即要素禀赋约束阻碍经济增长，但这也成为技术创新的动力。当前，依靠要素投入推进经济增长的效率在减弱，资本、劳动等常见投入要素的边际生产率趋于下降，技术要素成为关键因素，由于发达国家对技术的控制日益严密，与技术相关的信息及知识成为主要约束，此时，可以依托自我的技术创新革命补齐短板，或寻找技术替代调整要素投入结构，或对不受限部分的国外技术进行模仿、消化、吸收、改进和提高，以突破面临的要素禀赋约束，调整生产要素配置。同时，在要素成本趋高的约束下，技术创新推动企业提高要素的生产率，改变传统的要素投入增长模式，促其转向创新驱动型增长，重新配置生产要素。

技术创新推动产业结构升级，增进生产要素优化配置。在技术进步与需求变化的推动下，产业发展及结构的调整在于技术进步率在各行业中的不平衡分布，伴随劳动力转移、资本转移及行业增长率变化等。随着经济发展，新兴产业部门快速成长，具有较高的技术创新水平，表现出高速发展与高生产率的基本特征，从而带动了经济的不断增长，且因技术创新的扩散和诱导作用，也推动了传统产业部门的技术变革，促使其提高生产率。技术创新以提高生产率和新兴产业涌现为显著特征促进产业结构演变，推动产业结构升级。同时，由于技术创新的类型与作用不同，不同产业的创新机会和能力有差异，使得技术进步在不同产业中具有差异化的速度和强度，进而使不同产业具有不同的生产率增速和发展增速。那些能吸收大量创新成果的产业发展速度较快，易成为主导产业并扩大规模，当主导产业进入成熟期后，生产率增速趋缓，而这又预示着新的重大科技创新和新的主导产业的出现，技术创新下主导产业的依次更替，成为产业结构演变的显著特征。在整个过程中，会伴随生产要素由低生产率产业转向高生产率产业，促进生产要素的优化配置；同时，淘汰技术落后的生产并释放生产要素，促使其转向高效率生产。

技术创新改变不同生产要素效益，在同等产出水平下，带来不同程度的要素节约，促进已有要素禀赋结构发挥不同优势，避免结构化错配。根据技术创新带来的生产要素效益差异，英国经济学家希克斯提出了资本节约型技术创新、劳动节约型技术创新和中性技术创新[167]。资本节约型技术创新：在技术创新完成后，将商品价值构成中活劳动凝结的价值比重增大，物化劳动转移价值的比重减少，此时，商品生产向劳动密集型靠拢，有利于劳动密集型行业发展。劳动节约型技术创新：在技术创新完成后，将商品价值构成中物化劳动转移价值的比重增大，活劳动凝结的价值比重减少，此时，商品生产向资本密集型靠拢，有利于资本密集型行业发展。中性技术创新：在技术创新完成后，生产率提高，商品的价值减少，在商品价值构成中，活劳动凝结的价值和物化劳动转移的价值所占比重不变，有利于促进各行业的产出效率提高。技术创新对不同要素产出效率提高的差异有助于发挥不同行业的要素禀赋优势，避免结构化错配。

技术创新在开放发展环境下的外生特点，促进了生产要素跨产业、跨地区、跨国家的流动，有利于提高要素配置效率。技术创新在不同产业及地区之间的扩散，具有显著的正外部效应，可以实现不同产业之间或地区间的技术融合，从而拉近产业或地区间的技术基础，缩小生产率差异，促进生产要素的流动与升级。技术创新除了内生创新，还要依托外生创新，通过引入外生要素如资本、人力资本、信息知识等促进引进式创新。如FDI的引进，在促进资本规模增大的同时，还开通了信息知识传播的重要渠道，有利于技术引进、学习、模仿、传播及变革，进一步实现技术追赶。开放环境下人力资源作为较活跃的生产要素，其流动能带动资本、技术等生产要素的运转，在激励机制下，充分发挥人力资本价值，提高创新的积极性。在国际投资及贸易环境下，信息知识会自觉扩散，产生溢出效应，促进技术学习与技术创造。开放经济有利于突破生产要素瓶颈，畅通要素流动渠道，通过要素流动性及可获得性的增强，推动生产要素的优化配置。

随着技术创新的不断发展，人工智能、物联网、云计算、大数据、5G 等科技的进步推动着新兴产业的发展，新兴产业以信息技术为基础，知识要素为驱动力，网络为基本生产工具，具有边际报酬递增特点和正外部性影响，对技术和数据要素的依赖性更强，且与其他产业的加速融合发展推动着技术要素与数据要素的流动及价值创造。技术创新需要生产要素合理配置的驱动，反过来又促进要素的优化配置，是提高要素生产率及缓解冗余配置的关键力量。回归到生产函数视角的理解，技术创新会打破生产要素的旧组合，引进生产要素的新组合，这样便会带来大规模的均衡转化，新均衡下的要素配置是技术创新带动下的改进配置。综上分析，本书认为技术创新对优化生产要素配置具有积极作用。

5.2 数字经济发展影响资源错配的实证检验

5.2.1 数字经济发展研究现状

高质量发展已成为我国"十四五"时期经济社会发展的主题，数字经济发展可以助推产业数字化、网络化及智能化转型，促进生产效率提高，推动经济发展质量变革。数字经济已成为世界主要经济体的重要发展引擎，如美国、英国、澳大利亚、日本、新加坡等国纷纷推出数字经济发展国家战略[168]。自"十三五"规划以来，我国高度重视数字经济与传统经济的融合发展，出台了一系列政策文件促进数字技术创新与应用。2022 年 1 月，国务院发布了我国在数字经济领域的首部国家级专项规划——《"十四五"数字经济发展规划》，强调了数据资源作为关键生产要素的重要性，将数字经济提升到与农业经济、工业经济同等地位，并明确到 2025 年，数字经济核心产业增加值占国内生产总值比重达到 10%。

我国的互联网产业规模大、发展水平高，人才储备量全球领先，数据规模庞大，数字经济场景创新资源丰富，具有发展数字经济的优势[169]。对地区、行业、企业层面数字经济发展水平的测度，常选取信息化程度、互联网普及率、数字化转型、数字化人才、硬件设施与软件服务等指标构建指标体系，采用综合评价法计算，并进一步分析其变化趋势和影响。我国数字经济发展总体上呈增长态势，未来几年我国的数字经济发展水平增速将不断提高，预计2028年的数字经济发展水平是2018年的5倍[170]。数字经济发展能提高地区全要素生产率[171, 172]，通过物质资本配置效率的改善促进地区高质量发展[173]。数字经济可以从成本节约、规模经济、精准配置、效率提升及创新赋能五方面引领产业高质量发展[174]，促进产业结构优化升级[174-177]，提升产业链强度[178]，提高出口竞争力[179]。企业的数字化变革通过节约成本、提高资产使用率及创新等，推动经济效益提升[180]，提高服务化水平[181]，促进企业成长[182]及高质量发展[183]；通过提升信息透明度和降低融资约束提高资本配置效率[184, 185]；提高企业全要素生产率[186]。以上研究从宏观、中观及微观角度分析了数字经济发展的利好作用，坚定了发展数字经济的战略定位。

构建指标体系计算数字经济发展水平指数只能从相对角度比较和分析，要准确掌握数字经济发展的总规模，还需测算数字经济增加值。目前，国内外统计机构和学者测算数字经济规模的统计口径和方法存在差异，各国数字经济产业分类不同，没有统一的国际标准[187]，数字经济范围界定和测算方法上的不同，导致数字经济增加值规模的测算结果存在显著差异。测算范围差异主要表现为数字经济基础行业界定下的数字产业化和产业数字化测算，前者通常被认为是窄口径测算，加上后者为宽口径测算。结合已有文献梳理，数字经济增加值的测算方法主要归结为三类。第一类是国内生产总值生产法。先界定数字经济范围，依据数字经济产业分类，对数字经济产业的增加值进行测算和汇总，算出的结果是GDP的一部分，适合测算数字产业化部分[188-192]。第二类是基于GDP增长核算框架测算。通过增长核算分解GDP的增长，剥离出数字技术相关资本对GDP增长的贡献，从计算增量再到总量规模测算，主要测算数字技术资本对非数字经济产业的渗透效应增加值[193, 194]。第三类是应用计量经济学方法。如腾讯研究院（2018）[195]估算"互联网+数字经济指数"与GDP之间的回归系数，再推算数字经济增加值。蔡跃洲和牛新星[196]通过数字技术资本比例与全要素生产率变化率之间的拟合优度测算数字技术的效率提升效应及其对经济增长的间接贡献。后两类方法主要测度产业数字化部分的数字经济增加值规模。

表5-1整理了部分研究对中国数字经济增加值占GDP比重的测算结果，鉴于数字经济范围界定、测算口径及方法的不同，测算结果表现出显著差异性，占比偏低的结果为数字经济行业增加值测算，为数字产业化部分的窄口径测算；占比偏高的结果是在前者的基础上增加了数字技术融入非数字经济产业的渗透效应，即产业数字化部分的测算，为宽口径测算。2021年5月，国家统计局发布了《数字经济及其

核心产业统计分类（2021）》，界定了我国数字经济的概念及分类范围[①]。根据该分类，全面的数字经济增加值测算包括数字产业化和产业数字化两方面的核算。

表 5-1　中国数字经济增加值占 GDP 比重的部分测算结果比较

单位：%

文献	年份				
	2016	2017	2018	2019	2020
许宪春和张美慧[187]（2020）	5.73	6.46	—	—	—
韩兆安等[191]（2021）	6.41	6.41	—	—	—
鲜祖德和王天琪[197]（2022）	7.01	7.07	7.27	7.44	7.84
社科院数经所	15.50	16.00	16.40	17.20	18.80
中国信息通信研究院	30.30	32.90	34.80	36.20	38.60
陈梦根和张鑫[192]（2022）	14.53	14.92	15.86	—	—
蔡跃洲和牛新星[196]（2021）	16.19	16.66	17.16	—	—

已有研究主要给出宏观总体数字经济发展规模，也有部分研究从行业门类进行了测算，本书将进一步测算制造业门类下大类行业的数字经济增加值规模。结合《国民经济行业分类》（GB/T 4754—2017），本书根据行业增加值结构测算出制造业门类下对应的数字经济核心产业增加值，即数字产业化增加值。根据 ICT 对各行业生产的渗透作用，借鉴蔡跃洲和牛新星[196]提出的替代效应与协同效应作用，测算制造业各行业的产业数字化增加值。首先，在增长核算框架下测度 ICT 资本服务对经济增长的直接增量效应，再计算总量效应，获得 ICT 资本的替代效应增加值；其次，根据 ICT 行业 TFP 增长率的分解，算出 ICT 资本的生产率增长效应及其对 TFP 变化的贡献度，并用 ICT 行业对非 ICT 行业的 ICT 资本投入份额分解该贡献度作为非 ICT 行业的 ICT 资本对 TFP 变化的贡献度，进一步结合 TFP 对 GDP 增长的贡献度，算出非 ICT 行业的 ICT 资本通过效率提升间接带来的增加值增量及总量，即获得 ICT 资本的协同效应增加值；最后，替代效应与协同效应增加值汇总便得到产业数字化增加值规模。整个测算过程的逻辑框架图见图 5-1。

[①] 资料来源：数字经济及其核心产业统计分类（2021）：国家统计局令第33号 [A/OL].（2021-05-27）. https: www.gov.cn/gongbao/content/2021/content_5625996.htm. 分类范围包括数字经济核心产业和数字化效率提升业两类。数字经济核心产业即数字产业化部分，包括数字产品制造业、数字产品服务业、数字技术应用业和数字要素驱动业；数字化效率提升业即产业数字化部分，是应用数字技术和数据资源为传统产业带来的产出增加和效率提升，是数字技术与实体经济的融合。以上分类为我国数字经济的测算画出了框架，有助于提高测算结果的可靠性。

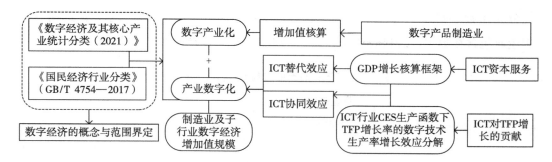

图 5-1 制造业数字经济增加值测算逻辑框架图

本节的边际贡献为，计算制造业各行业的数字经济核心产业增加值及产业数字化增加值，有助于了解行业的数字产业化发展及结构和数字技术对各行业发展的渗透差异。借鉴OECD核算手册测算资本服务量计入增长核算框架，并在核算资本存量时，将资本投资序列即资本形成总额调整为生产法GDP数据下的核算量，使测算结果与GDP更具可比性；并比较不同退役模式和役龄—效率模式的计算结果，选择合适的资本存量测算方法。在包含两类技术的CES生产函数下，分解出ICT行业TFP增长率中的数字技术生产率增长效应，计算出非ICT行业ICT对TFP增长的贡献度，丰富了数字技术协同效应测算方法。

5.2.2 制造业数字经济增加值测度

5.2.2.1 数字产业化——数字经济核心产业增加值测算

1.测算范围界定

《数字经济及其核心产业统计分类（2021）》标准给出了数字经济的定义和数字经济产业五大类范围。数字经济是指以数据资源作为关键生产要素、以现代信息网络作为重要载体、以信息通信技术的有效使用作为效率提升和经济结构优化的重要推动力的一系列经济活动。数字经济核心产业包括分类中的01～04大类，即01数字产品制造业、02数字产品服务业、03数字技术应用业和04数字要素驱动业，属数字产业化部分。该分类标准基于《国民经济行业分类》（GB/T 4754—2017）同质性原则，两种分类中的小类划分相互对应，所以要准确测算数字经济核心产业的数字经济增加值，首先要找到国民经济行业分类中的数字经济核心产业部分，根据两种分类的明细可以实现匹配。通过对比可知，制造业门类C中的大类39计算机、通信和其他电子设备制造业完全包含在数字经济核心产业分类中，其余大类行业中的部分属于数字经济核心产业分类。通过对比整理出表5-2的对应关系，由此可知，制造业包含在数字经济核心产业分类中的部分均在数字产品制造业下。

表5-2 数字经济核心产业与制造业行业分类的对应

	C制造业（部分）
	23 印刷和记录媒介复制业（部分）
	2330-记录媒介复制
	24 文教、工美、体育和娱乐用品制造业（部分）
	2462-游艺用品及室内游艺器材制造*
	26 化学原料和化学制品制造业（部分）
	2664-文化用信息化学品制造
	2665-医学生产用信息化学品制造
	34 通用设备制造业（部分）
	3475-计算器及货币专用设备制造
	3491-工业机器人制造
	3492-特殊作业机器人制造
	3493-增材制造装备制造
数字产品制造业（01）	35 专用设备制造业（部分）
	3562-半导体器件专用设备制造
	3563-电子元器件与机电组件设备制造
	38 电气机械和器材制造业（部分）
	3824-电力电子元器件制造
	3825-光伏设备及元器件制造
	3831-电线、电缆制造*
	3832-光纤制造
	3833-光缆制造
	3874-智能照明器具制造
	3891-电气信号设备装置制造
	39 计算机、通信和其他电子设备制造业（全部）
	40 仪器仪表制造业（部分）
	4011-工业自动控制系统装置制造

注：*表示部分属于。

2.测算方法

借鉴Zhao（2019）[189]，许宪春和张美慧[187]的测算假设，假定：

行业数字经济中间消耗/行业数字经济总产出＝行业中间消耗/行业总产出，则：

行业数字经济增加值结构=行业数字经济增加值/行业增加值=行业数字经济总产出/行业总产出。

　　计算行业数字经济增加值，需要获得行业增加值和（行业数字经济总产出/行业总产出）。第一，各行业增加值数据已在第3章整理获得。第二，行业数字经济总产出占行业总产出的比值用行业数字经济营业收入（主营业务收入）占该行业营业收入（主营业务收入）的比值估算。数据源自《中国经济普查年鉴》《中国工业统计年鉴》《中国电子信息产业统计年鉴》。个别行业缺失数据用从业人员之比替代，个别年度缺失数据按短期内比值结构不变计算。第三，个别小类行业的部分属于数字经济分类，对于规模较小的行业依据行业特征全部计入测算[①]。

　　3.测算结果

　　根据以上测算过程，获得2012—2020年制造业行业的数字经济核心产业增加值规模[②]，结果如表5-3所示，由2012年的15 639.80亿元增加到2020年的25 365.82亿元，年均增长率为6.23%。其中，因计算机、通信和其他电子设备制造业完全属于数字经济核心产业，在总体结构中的占比最大，平均值为74.06%。其次是电气机械和器材制造业，平均占比为16.76%。其余行业占比均低于10%，占比较低的行业有印刷和记录媒介复制业，文教、工美、体育、娱乐用品制造业，专用设备制造业，平均值分别为0.06%、0.22%、0.77%。通用设备制造业，化学原料和化学制品制造业，仪器仪表制造业的平均占比分别为1.32%、2.91%、3.90%。进一步计算各行业的年均增长率，除了印刷和记录媒介复制业为−1.79%的负增长外，其余行业均为正向增长，其中，专用设备制造业的年均增长率最大，为16.23%；其次是化学原料和化学制品制造业，年均增长率为7.55%；增长率在6%左右的行业有文教、工美、体育和娱乐用品制造业，通用设备制造业，电气机械和器材制造业，计算机、通信和其他电子设备制造业；仪器仪表制造业的年均增长率为5.33%。根据各行业的行业增加值计算数字经济核心产业的增加值占比，除了计算机、通信和其他电子设备制造业外，占比较高的行业有仪器仪表制造业及电气机械和器材制造业，分别为37.40%、30.41%，其余行业在5%以下。由以上分析可知，根据数字经济核心产业划分，制造业部分行业中有不同规模的数字经济核心产业，且发展速度存在差异。

---

　　① 国民经济行业分类中的2462-游艺用品及室内游艺器材制造，3831-电线、电缆制造，有部分属于数字经济核心产业分类，因规模较小，且不易剥离，故全部计入数字经济。

　　② 涉及的2011年版国民经济行业分类标准与2017年版相比行业分类略有变动，在查找行业指标数据时，要对应比较，以便对数据进行合理的调整，保证数据的准确性。

表5-3　2012—2020年制造业数字经济核心产业增加值规模及行业占比

单位：亿元

行业	年份								
	2012	2013	2014	2015	2016	2017	2018	2019	2020
制造业（部分）	15 639.80	16 755.57	18 033.14	18 657.75	19 244.58	21 484.56	22 855.50	23 588.64	25 365.82
印刷和记录媒介复制业（部分）	11.324	12.548	15.082	16.165	7.468	8.350	8.733	9.699	9.798
	0.07%	0.07%	0.08%	0.09%	0.04%	0.04%	0.04%	0.04%	0.04%
文教、工美、体育和娱乐用品制造业（部分）	32.04	35.65	41.60	43.31	45.01	48.37	51.71	52.77	51.88
	0.20%	0.21%	0.23%	0.23%	0.23%	0.23%	0.23%	0.22%	0.20%
化学原料和化学制品制造业（部分）	415.47	442.12	474.41	480.29	620.60	686.43	743.82	731.51	743.77
	2.66%	2.64%	2.63%	2.57%	3.22%	3.19%	3.25%	3.10%	2.93%
通用设备制造业（部分）	206.88	221.58	238.33	246.61	247.23	275.98	306.34	316.16	332.28
	1.32%	1.32%	1.32%	1.32%	1.28%	1.28%	1.34%	1.34%	1.31%
专用设备制造业（部分）	88.21	100.47	114.93	126.47	139.22	165.30	191.85	234.96	294.93
	0.56%	0.60%	0.64%	0.68%	0.72%	0.77%	0.84%	1.00%	1.16%
电气机械和器材制造业（部分）	2 659.55	2 848.45	3 063.85	3 170.35	3 158.89	3 526.30	3 795.57	3 917.17	4 265.80
	17.01%	17.00%	16.99%	16.99%	16.41%	16.41%	16.61%	16.61%	16.82%
计算机、通信和其他电子设备制造业（全部）	11 602.37	12 426.47	13 366.14	13 830.75	14 315.11	15 980.07	16 843.87	17 383.50	18 722.03
	74.18%	74.16%	74.12%	74.13%	74.39%	74.38%	73.70%	73.69%	73.81%
仪器仪表制造业（部分）	623.96	668.28	718.81	743.80	711.06	793.76	913.61	942.88	945.34
	3.99%	3.99%	3.99%	3.99%	3.69%	3.69%	4.00%	4.00%	3.73%

5.2.2.2　产业数字化——数字化效率提升业增加值测算

数字经济产业05大类是数字化效率提升业，为产业数字化部分，指应用数字技术和数据资源为传统产业带来的产出增加和效率提升，是数字技术与实体经济的融合，其实现基础是数字技术。数字技术具备通用目的技术（General Purpose Technology，GPT）的所有特征，在本书，信息和通信技术视同数字技术，可以渗透到各类经济活动中，通过"替代性"和"协同性"参与价值创造[196]。本书借鉴数字技术与数字技术渗透到非数字经济产业中的"替代性"和"协同性"作用的比，分别测算非数字产业中数字技术的替代效应与协同效应带来的产出增加值，并将其界定为产业数字化部分的数字经济增加值。数字技术服务用ICT资本服务测度，根据

OECD手册，进行生产相关分析的最佳资本投入指标是资本服务量，且测算数字经济增加值的学者及机构多采用此指标，本书此部分也以资本服务量计入测算，资本服务量由生产性资本存量和使用成本决定。将资本分为"ICT资本"和"非ICT资本"，在Jorgenson-Griliches增长核算框架下[196]，分解资本、劳动、全要素生产率对经济增长的贡献，根据"ICT资本"对经济增长的贡献度确定数字技术的替代效应增加值，根据"ICT资本"对全要素生产率的提升效应间接测算数字技术的协同效应增加值。

以行业 i 的增加值为产出，以资本（ICT资本、非ICT资本）、劳动为投入要素的Jorgenson-Griliches增长核算模型可写为：

$$\frac{\dot{Y}_i}{Y_i} = \frac{\dot{A}_i}{A_i} + v_{iL}\frac{\dot{L}_i}{L_i} + \sum_a v_{iK_{a,ICT}}\frac{(\dot{K}_{a,ICT})_i}{(K_{a,ICT})_i} + \sum_b v_{iK_{b,NICT}}\frac{(\dot{K}_{b,NICT})_i}{(K_{b,NICT})_i} \tag{5-1}$$

式中，$\frac{\dot{Y}}{Y}$ 代表变量的增长率，v 代表各要素投入占总产出的份额，$K_{a,ICT}$ 表示第 a 类ICT资本，$K_{b,NICT}$ 表示第 b 类非ICT资本。

1.资本服务

（1）生产性资本存量

根据永续盘存法，考虑资本退出服务和生产能力衰退的状况，引入退役模式和役龄—效率模式计算资本存量，参考王亚菲和王春云[198]、蔡跃洲和张钧南[199]及中国信息通信研究院[194]对资本存量的计算方法，用表5-4中的两种方法分别计算资本存量，比较计算结果选择适用性方法。

表5-4　退役模式和役龄—效率模式的选择

	方法一	方法二
退役模式	同时退役模式 役龄为 τ 的资本退役函数值为1	钟形退役模式（对数正态概率分布函数） $F_i(\tau) = \int_0^\tau \frac{1}{\tau\sigma\sqrt{2\pi}} e^{\frac{-(\ln\tau-\mu_i)^2}{2\sigma^2}} d\tau$
役龄—效率模式	几何下降模式 $E_{\tau+1} = E_\tau \cdot \delta$ $(E_0=1, \tau=0,1,\cdots,T)$	双曲线下降模式 $E_\tau = \frac{E_0 \cdot (T-(\tau-1))}{T-\beta(\tau-1)}(E_0=1, \tau=1,\cdots,T)$
生产性资本存量	$K_{i,t} = I_{i,t} + (1-\delta_i)K_{i,t-1}$	$K_{i,t} = \sum_{\tau=0}^T E_{i,\tau}F_{i,\tau}I_{i,t-\tau}$
主要参考文献	王亚菲和王春云[198]	蔡跃洲和张钧南[199]（2015）、中国信息通信研究院[194]
T 是投入资本的最大使用年限，τ 是资本的已使用年限，μ 是资本的期望使用年限，δ 是资本折旧率，I 是资本投资额，β 是下降参数。		

（2）资本使用成本

王亚菲和王春云[198]给出的资本使用成本估算方程可表示为：

$$C_{j,i,t} = r_{j,i,t}P_{j,i,t-1} + \delta_j P_{j,i,t} \tag{5-2}$$

式中，$C_{j,i,t}$ 是 i 行业 j 类资产 t 期的资本使用成本，$r_{j,i,t}$ 是 i 行业 j 类资产 t 期的实际回报率，$P_{j,i,t}$ 是 i 行业 j 类资产 t 期的购买价格，δ_j 是 j 类资产的折旧率。

2. 数据来源与处理

（1）资本投资序列

以固定资本形成总额作为资本形成的投资序列，并将其分解为 ICT 硬件、ICT 软件、建筑安装工程、设备工器具购置和其他费用五种资产类型。以计算机、通信和其他电子设备制造业的固定资本形成总额代表 ICT 硬件投资，以信息传输、软件和信息技术服务业的固定资本形成总额代表 ICT 软件投资，将这两个行业设为 ICT 资本服务的主体。根据支出法核算的国内生产总值获得年度总固定资本形成总额数据，并调整为与生产法国内生产总值对应的量。因投入产出表数据与 GDP 核算数据不衔接，两者统计的固定资本形成总额数据有差异，以 GDP 核算数据为目标进行调整。用 GDP 核算下的固定资本形成总额分别乘以投入产出表中计算机、通信和其他电子设备制造业及信息传输、软件和信息技术服务业的固定资本形成总额比例，这样便获得了 GDP 核算框架下 ICT 硬件和软件的固定资本形成总额，对于投入产出表中的比例缺失数据按相邻年度结构不变估算。从总体固定资本形成总额中减去 ICT 软件的固定资本形成总额，将余值按固定资产投资（不含农户）中建筑安装工程、设备工器具购置及其他费用的比例进行分解，然后再从设备工器具购置中分离出 ICT 硬件的固定资本形成总额，通过上述过程，便获得了五类资产总的固定资本形成总额。

根据投入产出表中计算机、通信和其他电子设备制造业及信息传输、软件和信息技术服务业产品对其他各行业的中间投入情况进行 ICT 硬件和软件资本投资的行业分配。用各行业建筑安装工程、设备工器具购置、其他费用的固定资产投资占各自对应总量的比重分别乘以其固定资本形成总额，获得各行业此三类非 ICT 资产的固定资本形成总额。投入产出表中合并的制造业行业根据增加值结构比例进行分解。

为获得不变价投资序列，估计各类资产的价格指数。ICT 硬件价格指数用工业出厂者价格指数估算，ICT 软件价格指数用通信服务类居民消费价格指数估算，建筑安装工程、设备工器具购置、其他费用的价格指数用各自的投资价格指数估算。

（2）初始资本存量和退役模式、役龄—效率模式参数的确定

资本存量的测算区间为2000—2020年，用增长率法测算初始资本存量，可表示为：$K_0 = I_0(1+g_I)/(g_I+\delta)$，$I_0$为初始年份的投资，用初始年份起连续5年的各类资产投资年平均增长率估计g_I。借鉴王亚菲和王春云[198]对参数取值的分析，ICT硬件和软件的折旧率取值31.5%，建筑安装工程、设备工器具购置、其他费用资产的折旧率分别取值8%、18%、15%。建筑安装工程、设备工器具购置和其他费用资产使用年限分别取值38年、16年和20年，ICT硬件和软件资产使用年限均取值8年。对数正态分布函数退役模式的参数设置参考蔡跃洲和张钧南[199]。

（3）生产性资本存量测算结果的比较

通过上述过程获得制造业及各分行业的资本存量，方法一和方法二的测算结果略有差异，如2012年，ICT硬件分别为21 596.31亿元、22 733.56亿元，ICT软件分别为20 768.06亿元、20 977.18亿元。蔡跃洲和张钧南[199]测算的2012年的ICT硬件和软件存量分别为27 178.47亿元、15 653.23亿元（未说明测算基期）；王亚菲和王春云[198]测算的2012年的资本服务价值分别为8 883亿元、4 717亿元（2012年不变价，可推知资本存量的测算结果差异较大）。数据测算的差异性主要源于投资序列的测算。这两篇文章的ICT资本投资序列根据《中国电子信息产业统计年鉴》中的信息技术产业制造业和软件业的总产值数据乘以投入产出表中计算机、通信和其他电子设备制造业及信息传输、软件和信息技术服务业的资本形成总额占总产值比值进行估算。分别对比计算机、通信和其他电子设备制造业与信息传输、软件和信息技术服务业及信息技术产业制造业与软件业中的行业分类明细，并不完全对应，且不同年鉴数据口径不一致。本书主要依据GDP核算框架下的资本形成总额数据进行估算，对数据来源口径进行了统一调整，且统一参考投入产出表，数据来源一致，具有规范性。参考文献中使用第二种方法测算数字经济增加值的较多，故下文使用方法二的计算结果。

（4）资本价格和实际回报率

各类资本的购买价格用价格指数估算，资本实际回报率的估计借助投入产出表中的资本报酬。先将投入产出表中的增加值数据以GDP生产法核算结果为目标进行调整，对于投入产出表缺失年份的分配法增加值数据用RAS法[200]估计。将增加值在劳动和资本要素之间进行分配，生产税净额由资本和劳动要素按比例分摊。资本报酬可表示为：资本报酬＝固定资产折旧＋营业盈余＋生产税净额×［（固定资产折旧＋营业盈余）/（劳动者报酬＋固定资产折旧＋营业盈余）］。结合式（5–2），资本报

酬可表示为：

$$\sum_j C_{j,i,t} K_{j,i,t} = \sum_j (r_{j,i,t} P_{j,i,t-1} + \delta_j P_{j,i,t}) \cdot K_{j,i,t} \tag{5-3}$$

等号左侧即为资本报酬，$K_{j,i,t}$ 为资本存量，根据式（5-3）计算出资本实际回报率 $r_{j,i,t}$，进一步计算出资本使用成本，并假设每类资产的实际回报率在行业间无差异。资本使用成本乘以前述资本存量便得到了各类资产的服务价值量。

Jorgenson-Griliches 增长核算模型中的各要素投入份额借助投入产出表分配法增加值数据计算。劳动份额用劳动报酬占增加值的比重估计，劳动投入用就业人数代表。各类资本的份额用资本报酬占增加值的比重分别乘以五类资产的资本存量比例估计。

对于包含数字经济核心产业分类的行业，假设各生产要素的数字经济产出效率与非数字经济产出效率一致，行业中的数字经济产业相关变量与所属行业变量同比例变化。通过以上过程整理出与《国民经济行业分类》（GB/T 4754—2017）相对应且下文主要分析的制造业分行业数据（不包括制造业门类中的 ICT 硬件相关数据），并用于测度 ICT 的渗透作用。主要参阅的数据资源包括《中国统计年鉴》、投入产出表、《中国劳动统计年鉴》及中经网数据库，数据调整为以 2000 年为基期。

3. 数字技术替代效应测算

根据增长核算框架下 ICT 资本服务对经济增长的贡献度，可以计算出 ICT 资本服务对应的 GDP 产出增量，即用 ICT 资本服务的贡献度乘以对应的 GDP 增量，获得 ICT 资本服务产出的 GDP 增量。用公式可表示为：

$$\Delta GDP_{i,t}^{ICTS} = \sum_a (GDP_{i,t} - GDP_{i,t-1}) \cdot GC_{i,t,a}^{ICTS} \tag{5-4}$$

（GC^{ICTS} 表示 ICT 资本服务对 GDP 增长的贡献度，ΔGDP^{ICTS} 表示 ICT 资本服务替代效应对应的 GDP 增量。）

以上获得 ICT 促进经济增长的增量序列，为估算增长的 GDP 总量规模，需要确定某一时期，该期 ICT 对非数字经济行业的渗透作用可以忽略不计，此期之后的增量序列便可以累加计算，获得总量规模数据。参考蔡跃洲和牛新星[196]的研究将该期界定为 1992 年。文中增长核算框架下获得的增量序列从 2001 年起，1992—2001 年间的增量序列需要进一步估算。假设增量序列以 1992 年的零值为初始值按等差序列变动，估算出缺失年度的增量，之后便作累加运算，获得 ICT 的替代效应增加值总量，并将结果按GDP指数转换成当年现价，部分估算结果见表5-9[①]。估算公式如下：

$$(\Delta GDP_{i,t=1}^{ICTS} + \Delta GDP_{i,t=n}^{ICTS})\frac{n}{2} = n\Delta GDP_{i,t=1}^{ICTS} + \frac{1}{2}n(n-1)d_i \tag{5-5}$$

$$GDP_{i,t}^{ICTS} = \sum_{j=1}^{t}\Delta GDP_{i,j}^{ICTS}, \Delta GDP_{i,1}^{ICTS} = 0, GDP_{i,2}^{ICTS} = \Delta GDP_{i,2}^{ICTS} \tag{5-6}$$

$t=1$代表1992年，$t=n$代表2001年，$n=10$，$t=1$，$\cdots$，29（1992—2020年），d为公差，$\Delta GDP_{i,t=1}^{ICTS}=0$，$GDP^{ICTS}$为ICT技术替代效应对应的GDP总量规模。

根据以上测算过程，表5-5列出了2012—2020年制造业各行业（除计算机、通信和其他电子设备制造业）的数字技术替代效应增加值，替代效应规模与行业自身发展规模密切相关，从近五年平均来看，数字技术替代效应增加值排在前三位的行业有交通运输设备制造业，化学原料及化学制品制造业，电气机械及器材制造业，平均规模分别为1 836.95亿元、1 557.60亿元、1 477.35亿元。家具制造业，文教体育用品制造业及废弃资源综合利用业的替代效应增加值偏低，平均规模分别为129.08亿元、115.81亿元及31.94亿元。从整体看，制造业（除计算机、通信和其他电子设备制造业）的数字技术替代效应增加值占行业GDP的比重由2012年的6.87%提高到2020年的7.96%，2012—2020年的平均增速为7.75%。

表5-5 2012—2020年制造业各行业数字技术替代效应增加值

单位：亿元

行业	年份								
	2012	2013	2014	2015	2016	2017	2018	2019	2020
农副食品加工业	679.18	701.96	706.25	719.17	789.33	892.05	977.66	1 043.69	1 110.82
食品制造业	253.68	261.58	267.58	275.77	299.44	345.69	381.73	421.11	461.85
酒、饮料和精制茶制造业	256.69	264.69	270.76	279.05	302.99	349.80	388.44	432.17	454.36
烟草制品业	302.71	291.1	268.44	263.56	240.94	263.89	289.49	319.04	355.77
纺织业	600.32	616.48	614.49	634.63	692.6	762.22	796.72	845.51	920.00

---

① 鉴于数据的局限性，上文计算的数字经济核心产业的增加值范围为2012—2020年，如果从表5-5所列行业中去掉部分行业中的数字经济核心产业部分的增加值再计算替代效应，则估算ICT产出的GDP增量区间变为1992—2012年，估计区间过长会影响数据的可靠性，故以增长核算增量的起点2001年为估计结点，增量的估计区间缩短为1992—2001年；并为保持2012年前后数据的一致性，未减去除了ICT行业之外的数字经济核心产业部分的增加值。为检验未减数据是否显著影响结果，在2012—2020年减去部分行业中包含的数字经济核心产业部分的增加值，估计1992—2012年替代效应的GDP增量及总量（估计区间过长，误差会较大），发现与之前的计算结果略有差距，占GDP比重的平均估计偏差约为0.014%。下文计算ICT的协同效应时亦如此，占GDP比重的平均估计偏差约为0.039%，认为该偏差在可接受范围内。

续　表

行业	年份								
	2012	2013	2014	2015	2016	2017	2018	2019	2020
纺织服装、服饰业	308.68	318.29	325.59	335.56	364.35	407.91	440.73	465.87	458.09
皮革、毛皮、羽毛及其制品和制鞋业	201.74	208.02	212.79	219.31	238.12	263.57	285.59	305.48	291.46
木材加工及竹、藤、棕、草制品业	140.40	144.78	148.1	152.63	165.73	186.24	198.14	212.14	224.87
家具制造业	88.14	90.88	92.97	95.81	104.03	120.87	132.10	141.85	146.53
造纸和纸制品业	237.53	244.93	250.55	258.22	280.37	309.15	323.14	352.75	385.73
印刷业和记录媒介的复制业	94.29	97.23	99.46	102.51	111.30	129.55	142.93	153.48	162.52
文教体育用品制造业	79.22	81.69	83.56	86.12	93.51	107.96	120.44	127.56	129.57
石油、煤碳及其他燃料加工业	313.68	314.42	309.59	313.76	339.17	376.14	414.18	455.60	495.74
化学原料及化学制品制造业	1 008.30	1 067.84	1 100.3	1 162.92	1 295.61	1 423.10	1 525.79	1 673.59	1 869.86
医药制造业	311.60	321.31	328.68	338.74	367.81	437.47	496.66	554.65	634.68
化学纤维制造业	99.98	103.09	105.46	108.68	118.01	132.12	147.12	172.47	190.46
橡胶和塑料制品业	421.92	435.07	445.04	458.67	498.02	560.20	598.31	656.89	722.57
非金属矿物制品业	758.34	798.82	815.64	838.44	923.70	1 013.61	1 097.25	1 251.82	1 390.50
黑色金属冶炼和压延加工业	1 057.28	1 097.74	1 089.06	1 107.94	1 138.09	1 207.92	1 337.60	1 540.03	1 775.55
有色金属冶炼和压延加工业	608.00	658.26	691.18	741.86	833.95	895.71	999.28	1 143.19	1 266.13
金属制品业	410.24	423.02	432.72	445.97	484.23	546.23	586.78	650.38	739.30
通用设备制造业	755.84	779.77	794.73	789.33	864.70	1 011.08	1 121.72	1 225.68	1 391.93
专用设备制造业	452.81	464.14	463.51	462.60	510.60	604.06	693.29	776.43	891.81
交通运输设备制造业	1 040.97	1 129.98	1 180.16	1 215.43	1 452.18	1 678.05	1 825.20	2 000.09	2 229.24
电气机械及器材制造业	879.13	921.07	941.33	974.91	1 094.22	1 280.62	1 422.07	1 649.21	1 940.63
仪器仪表及文化、办公用机械制造业	158.52	163.46	167.21	172.33	187.11	222.75	244.82	283.41	316.64

行业	年份								
	2012	2013	2014	2015	2016	2017	2018	2019	2020
工艺品及其他制造业	125.05	128.94	131.90	135.94	147.60	165.41	176.83	190.25	197.97
废弃资源综合利用业	22.08	22.77	23.29	24.01	26.07	27.97	30.19	35.77	39.70
合计	11 666.33	12 151.34	12 360.32	12 713.86	13 963.78	15 721.34	17 194.18	19 080.12	21 194.27
占制造业增加值比重	6.87%	6.68%	6.32%	6.37%	6.67%	6.72%	6.72%	7.22%	7.96%

注：因计算机、通信和其他电子设备制造业完全属于数字经济核心产业，未计算其替代效应值。

4. 数字技术协同效应测算

ICT/TFP协同效应表现为ICT对TFP增长的贡献进而带来的GDP增长。为了计算ICT对TFP的贡献，从产出增长率中剔除要素投入的贡献之后，进一步分解TFP的来源。从ICT行业（ICT硬件和ICT软件）出发，测度ICT/ICT要素的技术进步效率。首先，对ICT行业，在包含两类技术不变要素替代弹性的CES生产函数下，借助标准化供给面系统方程，算出ICT资本的生产率增长效应（假设ICT行业的资本技术进步主要源于ICT资本），进而计算出对TFP的贡献度。其次，根据非ICT行业ICT资本的分配分解总ICT资本对TFP的贡献度，估算出非ICT行业ICT资本的TFP贡献度。最后，根据各行业TFP对产出增长的贡献度，计算出ICT的协同效应增量，进一步计算出协同效应总量，记为ICT协同效应的数字经济增加值。

设ICT行业的技术增强型生产函数为$F=(AK, BL)$，A表示资本的生产效率，B表示劳动的生产效率，且$A \neq B$，参考Klump等[201]，雷钦礼和徐家春[202]，钟世川和毛艳华[203]对技术进步偏向的研究，满足CES生产函数的表达式为：

$$Y = \left[\alpha (AK)^{\frac{\varepsilon-1}{\varepsilon}} + (1-\alpha)(BL)^{\frac{\varepsilon-1}{\varepsilon}} \right]^{\frac{\varepsilon}{\varepsilon-1}} \tag{5-7}$$

ε是资本、劳动的替代弹性，α与$1-\alpha$是资本与劳动的分配参数。将式（5-7）取对数，在$\varepsilon=1$处进行二阶泰勒展开，并对时间t求导，整理得：

$$\frac{\dot{Y}}{Y} = \alpha \left(\frac{\dot{A}}{A} + \frac{\dot{K}}{K} \right) + (1-\alpha) \left(\frac{\dot{B}}{B} + \frac{\dot{L}}{L} \right) - \left(\frac{1-\varepsilon}{\varepsilon} \right) \alpha(1-\alpha) \left(\ln \frac{A}{B} + \ln \frac{K}{L} \right) \left(\frac{\dot{A}}{A} - \frac{\dot{B}}{B} + \frac{\dot{K}}{K} - \frac{\dot{L}}{L} \right) \tag{5-8}$$

剔除生产要素对增长的贡献，得全要素生产率的表达式为：

$$\frac{\dot{TFP}}{TFP} = \alpha \frac{\dot{A}}{A} + (1-\alpha) \frac{\dot{B}}{B} - \left(\frac{1-\varepsilon}{\varepsilon} \right) \alpha(1-\alpha) \left(\ln \frac{A}{B} + \ln \frac{K}{L} \right) \left(\frac{\dot{A}}{A} - \frac{\dot{B}}{B} + \frac{\dot{K}}{K} - \frac{\dot{L}}{L} \right) \tag{5-9}$$

令 $ICTF = \alpha\dfrac{\dot{A}}{A} + (\dfrac{1-\varepsilon}{\varepsilon})\alpha(1-\alpha)\ln(\dfrac{K}{L})\dfrac{\dot{B}}{B}$，表示 ICT 资本的生产效率增长效应与 ICT 带动的劳动效率增长效应的和，记为 ICT 生产率增长效应。ICT 对经济增长的生产率促进效应是非负的，其对全要素生产率的贡献度表示为：

$$GC_t^{ICTF} = ICTF / |\frac{\dot{TFP}}{TFP}| \tag{5-10}$$

非 ICT 行业 ICT/ICT 对 TFP 的贡献度为：

$$GC_{i,t}^{ICTF} = \frac{ICT_i}{ICT} \cdot GC_t^{ICTF} \tag{5-11}$$

非 ICT 行业 ICT/ICT 对应的协同效应增量为：

$$\Delta GDP_{i,t}^{ICTC} = |(GDP_{i,t} - GDP_{i,t-1})| \cdot GC_{i,t}^{ICTF} \cdot |GC_{i,t}^{TFP}| \tag{5-12}$$

GC^{TFP} 表示 TFP 对 GDP 增长的贡献度，ΔGDP^{ICTC} 表示 ICT 协同效应对应的 GDP 增量，ICT_i/ICT 表示非 ICT 行业的 ICT 资本份额。从增量到总量的余下算法和设定与前述替代效应类似，在此不再赘述。

对要素替代弹性的估计借助标准化供给面系统，生产要素效率的增长率沿用 Box-Cox 函数，这方面已有较成熟的研究，相关化简及运算式不在此列出，可参考本节引用的文献。根据 ICT 行业数据（与上节整理一致），用可行性广义非线性最小二乘法（FGNLS）估计标准化供给面系统参数。估计参数及相关变量结果如表5-6所示，结合前文增长核算框架计算的 TFP 对 GDP 的贡献度，计算出各行业 ICT 的协同效应增加值，结果如表5-7所示。

根据测算结果可知，交通运输设备制造业，化学原料及化学制品制造业，电气机械及器材制造业及黑色金属冶炼和压延加工业的数字技术协同效应增加值规模较大，近五年的平均值分别为 10 613.13 亿元、9 010.30 亿元、8 502.03 亿元、8 076.92 亿元。同样，家具制造业，文教体育用品制造业及废弃资源综合利用业的规模最低，分别为747.42亿元、670.82亿元及184.39亿元。从整体看，制造业（除计算机、通信和其他电子设备制造业）的数字技术协同效应增加值占制造业增加值的比重由2012年的8.01%增加到2020年的12.84%，平均增长率为12.23%。

表5-6　CES生产函数标准化供给面系统参数估计值及ICT生产率增长效应

	年份									
	2001	2002	2003	2004	2005	2006	2007	2008	2009	2010
$ICTF$	0.004 55	0.005 69	0.006 78	0.007 86	0.009 06	0.010 59	0.011 98	0.013 42	0.015 00	0.016 54
$\dot{TFP}/TFP$	0.012 48	0.013 53	0.058 55	0.052 56	0.020 77	0.012 83	0.016 59	0.025 19	-0.011 08	0.013 18
GC^{ICTF}	0.365 04	0.420 89	0.115 85	0.149 53	0.436 19	0.825 58	0.722 28	0.532 85	1.353 25	1.255 02

时间	2011	2012	2013	2014	2015	2016	2017	2018	2019	2020
$ICTF$	0.018 44	0.020 23	0.022 61	0.024 59	0.027 27	0.030 09	0.033 09	0.036 13	0.039 18	0.042 40
$T\dot{F}P/TFP$	−0.027 98	−0.029 35	−0.027 39	0.026 00	0.043 41	0.036 43	0.041 61	0.050 44	0.078 25	0.052 23
GC^{ICTF}	0.659 17	0.689 30	0.825 55	0.945 70	0.628 32	0.826 12	0.795 21	0.716 39	0.500 73	0.811 74
参数	ξ	ε	α	r_K	λ_K	r_L	λ_L			
估计值	0.689*** (0.005)	0.790*** (0.007)	0.801*** (0.000)	0.014*** (0.000)	2.791** (0.093)	0.100 (0.077)	1.363** (0.042)			

注：ICT/ICT要素生产率增长效应恒为正值，对经济增长的贡献也为正向促进，所以计算对TFP的贡献度时，TFP的变化率取绝对值运算。**、***分别代表在0.05、0.01的显著性水平下通过检验。

表5-7　2012—2020年制造业各行业数字技术协同效应增加值

单位：亿元

行业	年份								
	2012	2013	2014	2015	2016	2017	2018	2019	2020
农副食品加工业	791.35	995.15	1 188.48	1 277.22	1 439.10	1 584.72	1 745.77	1 848.28	1 793.37
食品制造业	295.58	370.84	450.29	489.76	545.93	614.12	681.64	745.74	745.63
酒、饮料和精制茶制造业	299.09	375.25	455.64	495.58	552.41	621.41	693.61	765.33	733.55
烟草制品业	352.71	412.68	451.73	468.08	439.29	468.79	516.92	565.00	574.37
纺织业	699.47	873.97	1 034.07	1 127.08	1 262.75	1 354.07	1 422.66	1 497.32	1 485.29
纺织服装、服饰业	359.66	451.23	547.91	595.93	664.28	724.65	786.99	825.02	739.56
皮革、毛皮、羽毛及其制品和制鞋业	235.06	294.91	358.09	389.48	434.15	468.23	509.97	540.97	470.55
木材加工及竹、藤、棕、草制品业	163.59	205.24	249.22	271.06	302.15	330.85	353.81	375.68	363.04
家具制造业	102.69	128.84	156.44	170.16	189.67	214.73	235.89	251.21	236.57
造纸和纸制品业	276.76	347.23	421.63	458.58	511.18	549.20	577.02	624.69	622.75
印刷和记录媒介的复制业	109.87	137.84	167.37	182.04	202.92	230.15	255.22	271.79	262.38
文教体育用品制造业	92.31	115.81	140.62	152.95	170.49	191.78	215.06	225.90	209.18
石油、煤碳及其他燃料加工业	365.49	445.75	520.98	557.22	618.38	668.20	739.59	806.83	800.35
化学原料及化学制品制造业	1 174.84	1 513.86	1 851.60	2 065.29	2 362.15	2 528.10	2 724.55	2 963.78	3 018.80
医药制造业	363.07	455.51	553.11	601.59	670.58	777.15	886.86	982.24	1 024.66

行业	年份								
	2012	2013	2014	2015	2016	2017	2018	2019	2020
化学纤维制造业	116.49	146.15	177.46	193.02	215.15	234.71	262.71	305.43	307.49
橡胶和塑料制品业	491.61	616.78	748.93	814.57	907.99	995.19	1 068.38	1 163.30	1 166.56
非金属矿物制品业	883.59	1 132.47	1 372.57	1 489.03	1 684.08	1 800.66	1 959.31	2 216.85	2 244.90
黑色金属冶炼和压延加工业	1 231.90	1 556.24	1 832.69	1 967.66	2 074.95	2 145.85	2 388.49	2 727.25	2 866.54
有色金属冶炼和压延加工业	708.41	933.20	1 163.13	1 317.50	1 520.44	1 591.21	1 784.38	2 024.48	2 044.11
金属制品业	478.00	599.71	728.19	792.02	882.85	970.36	1 047.78	1 151.76	1 193.56
通用设备制造业	880.68	1 105.46	1 337.38	1 401.81	1 576.50	1 796.17	2 003.01	2 170.56	2 247.20
专用设备制造业	527.59	658.01	780.00	821.55	930.92	1 073.11	1 237.98	1 374.98	1 439.78
交通运输设备制造业	1 212.90	1 601.94	1 985.99	2 158.54	2 647.60	2 981.02	3 259.18	3 541.96	3 598.99
电气机械及器材制造业	1 024.32	1 305.78	1 584.08	1 731.39	1 994.96	2 274.99	2 539.34	2 920.60	3 133.05
仪器仪表及文化、办公用机械制造业	184.70	231.73	281.38	306.04	341.14	395.71	437.16	501.89	511.21
工艺品及其他制造业	145.70	182.80	221.96	241.42	269.11	293.84	315.76	336.92	319.61
废弃资源综合利用业	25.73	32.28	39.20	42.63	47.52	49.69	53.91	63.35	64.09
合计	13 593.16	17 226.69	20 800.15	22 579.21	25 458.62	27 928.66	30 702.94	33 789.09	34 217.12
占制造业增加值比重	8.01%	9.47%	10.63%	11.32%	12.15%	11.94%	12.00%	12.79%	12.84%

注：因计算机、通信和其他电子设备制造业完全属于数字经济核心产业，未计算其协同效应值。

5.2.2.3　数字经济增加值总体规模

将制造业各行业的数字产业化增加值与产业数字化增加值汇总，并将计算机、通信和其他电子设备制造业的增加值汇总，获得制造业整体的数字经济增加值规模，见表5-8。从整体看，由2012年的40 899.30亿元增加到2020年的80 777.22亿元，年均增长率为8.88%，占制造业增加值的比重由2012年的24.09%增加到2020年的30.32%。从细分行业看，各行业的数字技术渗透效应差异显著，计算2016—2020年的平均增加值占比可知，交通运输设备制造业，电气机械及器材制造业，化学原料及化学制品制造业的数字化程度相对较高，占比分别为44.55%、38.29%、33.98%，其次为通用设备制造业和专用设备制造业，分别为30.96%、29.43%。数字化渗透程度较低的行业有文教体育用品制造业，家具制造业及废弃资源综合利用业，平均增加值占比为4.24%、3.27%及2.90%。从行业平均增速看，交通运输设备制造业，有色金属冶炼和压延加工业，医药制造业及专用设备制造业的增速较快，在11.90%～12.61%之间，增速较慢的行业有纺织服装、服饰业，皮革、毛皮、羽毛及其制品和制鞋业，烟草制品业，在4.48%～7.75%之间。各行业有其自身的发展特点，面对新技术的推广和应用，其吸收、应用能力有所差异，表现出差异较大的数字化发展进程，但各行业的数字经济发展增速较快，有利于推进制造业整体的高质量发展，与此同时，加大数字技术对各行业的渗透效应是促进未来数字经济发展的主要动力。

表5-8 2012—2020年制造业各行业数字经济增加值

单位：亿元

行业	年份								
	2012	2013	2014	2015	2016	2017	2018	2019	2020
农副食品加工业	1 470.53	1 697.11	1 894.73	1 996.39	2 228.43	2 476.77	2 723.44	2 891.96	2 904.20
食品制造业	549.26	632.43	717.88	765.54	845.37	959.81	1 063.38	1 166.85	1 207.48
酒、饮料和精制茶制造业	555.78	639.93	726.40	774.63	855.40	971.21	1 082.05	1 197.49	1 187.91
烟草制品业	655.42	703.78	720.17	731.64	680.23	732.68	806.41	884.04	930.14
纺织业	1 299.78	1 490.46	1 648.56	1 761.71	1 955.35	2 116.29	2 219.38	2 342.83	2 405.29
纺织服装、服饰业	668.33	769.52	873.50	931.49	1 028.63	1 132.56	1 227.71	1 290.89	1 197.64
皮革、毛皮、羽毛及其制品和制鞋业	436.80	502.93	570.89	608.79	672.27	731.80	795.56	846.45	762.01
木材加工及竹、藤、棕、草制品业	303.99	350.02	397.31	423.69	467.87	517.09	551.95	587.83	587.92
家具制造业	190.83	219.72	249.41	265.97	293.71	335.61	367.99	393.06	383.10
造纸和纸制品业	514.30	592.17	672.17	716.80	791.55	858.35	900.16	977.44	1 008.48
印刷业和记录媒介的复制业	204.16	235.07	266.83	284.55	314.22	359.70	398.14	425.27	424.90
文教体育用品制造业	171.53	197.50	224.18	239.07	264.00	299.74	335.50	353.47	338.74
石油、煤碳及其他燃料加工业	679.17	760.17	830.57	870.98	957.55	1 044.34	1 153.77	1 262.43	1 296.09
化学原料及化学制品制造业	2 183.14	2 581.70	2 951.90	3 228.21	3 657.76	3 951.20	4 250.34	4 637.37	4 888.65
医药制造业	674.67	776.83	881.78	940.33	1 038.39	1 214.62	1 383.52	1 536.89	1 659.34
化学纤维制造业	216.47	249.24	282.92	301.70	333.16	366.82	409.83	477.90	497.95
橡胶和塑料制品业	913.53	1 051.85	1 193.97	1 273.24	1 406.01	1 555.39	1 666.69	1 820.19	1 889.13

行业	年份								
	2012	2013	2014	2015	2016	2017	2018	2019	2020
非金属矿物制品业	1 641.93	1 931.29	2 188.21	2 327.47	2 607.78	2 814.27	3 056.56	3 468.66	3 635.40
黑色金属冶炼和压延加工业	2 289.19	2 653.98	2 921.75	3 075.60	3 213.04	3 353.77	3 726.09	4 267.28	4 642.08
有色金属冶炼和压延加工业	1 316.41	1 591.45	1 854.31	2 059.36	2 354.39	2 486.92	2 783.66	3 167.67	3 310.25
金属制品业	888.24	1 022.73	1 160.91	1 237.98	1 367.08	1 516.59	1 634.56	1 802.14	1 932.86
通用设备制造业	1 636.52	1 885.22	2 132.11	2 191.14	2 441.20	2 807.26	3 124.73	3 396.23	3 639.13
专用设备制造业	980.40	1 122.15	1 243.51	1 284.15	1 441.51	1 677.17	1 931.27	2 151.41	2 331.59
交通运输设备制造业	2 253.87	2 731.92	3 166.15	3 373.97	4 099.78	4 659.07	5 084.37	5 542.05	5 828.23
电气机械及器材制造业	1 903.45	2 226.86	2 525.40	2 706.30	3 089.18	3 555.61	3 961.41	4 569.81	5 073.68
仪器仪表及文化、办公用机械制造业	343.22	395.19	448.59	478.37	528.25	618.46	681.98	785.30	827.85
工艺品及其他制造业	270.75	311.74	353.86	377.36	416.71	459.24	492.58	527.17	517.58
废弃资源综合利用业	47.81	55.05	62.49	66.64	73.59	77.66	84.10	99.12	103.78
合计	29 296.93	33 707.13	37 827.48	40 120.06	44 351.88	49 154.49	53 908.76	59 074.36	62 055.19
占制造业增加值比重	17.25%	18.53%	19.34%	20.12%	21.17%	21.02%	21.06%	22.37%	23.29%
制造业总体数字经济增加（加 ICT 硬件）	40 899.30	46 133.60	51 193.62	53 950.81	58 666.99	65 134.56	70 752.63	76 457.86	80 777.22
占制造业增加值比重	24.09%	25.37%	26.17%	27.05%	28.00%	27.85%	27.64%	28.95%	30.32%

　　注：前文计算的行业数字产业化增加值对应的行业小类归属分类按本表所列行业归类，并按本表行业分类对应汇总合计总值。

5.2.3　模型检验与结果分析

5.2.3.1　计量模型设定与变量说明

1. 计量模型设定

根据数字经济发展影响资源配置的理论分析，本书构建静态面板计量回归模型检验数字经济发展对资源错配的影响效应。回归模型为：

$$RM_{J,it} = a + bDE_{it} + cX_{it} + e_{it} + \varepsilon_i + \varphi_t \quad (J=K, L, E, M, CD) \tag{5-13}$$

式中，$RM_{J,it}$ 表示被解释变量 i 行业 t 时期的资本、劳动、能源、其他中间投入及综合错配系数，DE_{it} 表示核心解释变量数字经济发展水平，X_{it} 为控制变量，e_{it} 为随机扰动项，服从正态分布，ε_i、φ_t 分别表示行业和时间固定效应。

2. 变量说明

$RM_{J,it}$ 分别用第3章计算出的资本、劳动、能源、其他中间投入及综合错配系数表示，DE_{it} 用5.1.2节计算出的制造业各行业数据经济增加值表示。在检验时，首先使用各细分行业的产业数字化数字经济增加值，因其估计区间长于数字产业化部分的估计，数字产业化的估计区间为2012—2020年，且规模相对较小，后续的稳健性检验使用各细分行业的整体数字经济增加值，并取对数计入模型。控制变量的选择参考第4章资源错配对全要素生产率影响的检验，分别为行业规模、行业外向度、行业绩效、行业资本密集度、行业外资度。回归区间为2001—2020年，包括28个两位数细分行业，因计算机、通信和其他电子设备制造业完全属于数字经济核心产业的特殊性，未包含在模型检验中。

5.2.3.2　结果分析

对回归模型式（5−13）选择合适的回归形式。先通过F检验判断选择混合回归模型还是因素回归模型，再通过豪斯曼（Hausman）检验判断选择固定效应模型还是随机效应模型。通过检验结果选择时间、行业双因素固定效应回归模型，同时有利于解决随个体而变及随时间而变的遗漏变量问题。主要的基准回归结果整理如表5−9至表5−10所示。

1. 数字经济发展对综合资源错配的影响

从数字经济发展对综合资源错配的影响结果来看（表5−9），数字经济发展水平对综合资源错配的改善效应显著，在单因素一元回归及加入其他变量的多元回归中，回归系数显著为负，说明数字经济的发展有利于改善综合资源错配。行业规模（IS）的扩大并未起到改善资源错配的作用，而是增加了综合资源错配的程度，同时降低了数字经济发展对错配的改善效应。行业外向度的作用在其他变量的影响下由不显著变为显著，有利于改善综合资源错配。行业绩效的影响显著为正，说明企业利润的增加并未改善资源错配程度。行业资本密集度的影响效应显著为负，行业资本投资的增加有利于改善综合资源错配。行业外资度的影响也显著为负，说明外商资本的提高有利于优化整体资源配置。

表5−9　数字经济发展影响综合资源错配的回归结果

变量	RM_{CD}					
lnDE	−0.06***	−0.055***	−0.056***	−0.057***	−0.039***	−0.040***
	(−4.77)	(−5.96)	(−3.53)	(−6.24)	(−4.32)	(−4.50)

续　表

变量	RM_{CD}				
IS	—	0.009*** （21.71）	0.009*** （20.65）	0.008*** （18.50）	0.008*** （18.20）	0.007*** （15.67）
FO	—	—	−0.044 （−1.57）	−0.030 （−1.04）	−0.173*** （−5.23）	−0.141*** （−4.04）
IP	—	—	—	0.544** （3.14）	0.512** （3.10）	0.605*** （3.62）
CI	—	—	—	—	−0.145*** （−7.59）	−0.151*** （−7.92）
FC	—	—	—	—	—	−0.162*** （−2.84）

注：括号内为 t 统计量，***、**、*分别表示在显著性水平为 0.01、0.05、0.1 时显著（下同）。

2.数字经济发展对资本错配的影响

从数字经济发展对资本错配的影响结果来看（表5-10），数字经济发展对资本配置的改善效应并不显著，在其他经济变量的影响下，其影响系数由正值变为负值，即由促进资本错配转为改善资本错配，虽然都未通过显著性检验，但在一定程度上可以被认为有利于改善资本配置。行业规模的扩大同样并未起到改善资本错配的作用，而是增加了资本错配的程度。行业外向度的作用在其他变量的影响下由改善资本错配转为促进资本错配，且影响程度相对于其他变量要大。行业绩效的增加同样未起到改善资本错配的作用。行业资本密集度的影响效应显著为正，行业资本的增加不利于改善资本错配。行业外资度的影响系数显著为负，说明外商资本的增加有利于改善资本配置。

表5-10　数字经济发展影响资本错配的回归结果

变量	RM_K					
lnDE	0.059 （1.17）	0.067 （1.42）	0.06 （1.26）	0.057 （1.20）	0.009 （0.19）	−0.002 （−0.03）
IS	—	0.017*** （7.89）	0.016*** （7.08）	0.015*** （6.20）	0.016*** （6.72）	0.012*** （4.60）
FO	—	—	−0.343** （−2.34）	−0.31** （−2.07）	0.07 （0.39）	0.325* （1.74）
IP	—	—	—	1.228 （1.36）	1.312 （1.47）	2.037** （2.28）

变量	RM_K					
CI	—	—	—	—	0.384*** （3.74）	0.335** （3.28）
FC	—	—	—	—	—	−1.268*** （−4.16）

3.数字经济发展对劳动错配的影响

从数字经济发展对劳动错配的影响结果来看（表5-11），数字经济的发展可以显著促进劳动配置的改善，且与其他错配要素的回归系数大小相比，其改善程度是最大的。行业规模对劳动错配的影响系数为负，虽然未通过显著性检验，但至少会有一定程度的改善效应，不同于对其他要素均为正向促进错配。行业外向度的发展并不能改善劳动配置，表现出逆向促进。行业绩效及行业资本密集度对劳动配置的影响并不显著。行业外资度的影响系数显著为负，且绝对影响程度高于其他要素，说明外商资本的增加对劳动配置的改善效应较显著。

表5-11　数字经济发展影响劳动错配的回归结果

变量	RM_L					
$\ln DE$	−0.349*** （−3.53）	−0.352*** （−3.57）	−0.274** （−3.18）	−0.272** （−3.15）	−0.293*** （−3.28）	−0.323*** （−3.74）
IS	—	−0.007 （−1.53）	0.007* （1.65）	0.007* （1.75）	0.008* （1.85）	−0.004 （−0.79）
FO	—	—	3.555*** （13.38）	3.530*** （13.10）	3.70*** （11.27）	4.403*** （13.13）
IP	—	—	—	−0.916 （−0.56）	−0.879 （−0.54）	1.127 （0.70）
CI	—	—	—	—	0.171 （0.90）	0.033 （0.18）
FC	—	—	—	—	—	−3.508*** （−6.40）

4.数字经济发展对能源错配的影响

从数字经济发展对能源错配的影响结果来看（表5-12），数字经济的发展并未显著改善能源错配，其促进能源错配的效应在其他经济变量的交互作用下由显著变为不显著。从整体来看，行业发展的相关变量对能源配置的影响并不显著，除了行业外资度的提高能显著改善能源配置之外，其他变量的影响虽未通过检验，但从回归系数的方向来看，并未有优化能源配置的趋势，说明在此模型结构框架下，能源配置具有一定的独立性，受其他变量的影响较小。

表5-12 数字经济发展影响能源错配的回归结果

变量	RM_E					
lnDE	0.101**	0.104**	0.105**	0.103**	0.078	0.074
	(1.98)	(2.05)	(2.05)	(2.02)	(1.47)	(1.40)
IS	—	0.006**	0.006**	0.005**	0.006**	0.004
		(2.52)	(2.47)	(2.10)	(2.34)	(1.61)
FO	—	—	0.02	0.037	0.239	0.330
			(0.13)	(0.23)	(1.23)	(1.61)
IP	—	—	—	0.627	0.672	0.930
				(0.56)	(0.69)	(0.94)
CI	—	—	—	—	0.205*	0.187
					(1.83)	(1.66)
FC	—	—	—	—	—	−0.452**
						(−2.22)

5.数字经济发展对其他中间投入错配的影响

从数字经济发展对其他中间投入错配的影响结果来看（表5-13），数字经济的发展可以显著促进中间投入错配的改善。行业规模对中间投入错配的影响系数显著为正，说明行业规模的扩张并未起到优化中间投入的作用，反而加深了错配的程度。行业外向度的发展同样并不能改善中间投入配置，且从回归系数的大小来看，导致错配的效应相对较大。行业绩效的提升更倾向于优化中间投入配置，但作用不显著。行业资本密集度的影响系数显著为正，资本存量的增加并未给中间投入配置带来改善，反而加深了错配的程度。行业外资度的影响不显著。

表5-13 数字经济发展影响其他中间投入错配的回归结果

变量	RM_M					
lnDE	−0.225***	−0.224***	−0.21***	−0.21***	−0.24***	−0.238***
	(−9.65)	(−9.62)	(−9.69)	(−9.66)	(−10.86)	(−10.78)
IS	—	0.002*	0.004***	0.004***	0.005***	0.006***
		(1.81)	(4.24)	(4.04)	(4.79)	(4.93)
FO	—	—	0.629***	0.627***	0.861***	0.823***
			(9.38)	(9.22)	(10.63)	(9.61)
IP	—	—	—	−0.07	−0.019	−0.127
				(−0.17)	(−0.05)	(−0.31)

变量	RM_M					
CI	—	—	—	—	0.236*** (5.07)	0.244*** (5.20)
FC	—	—	—	—	—	0.189 (1.35)

6.内生性处理

因可能存在遗漏变量问题或双向因果关系而引起内生性问题，本书采用工具变量法进行两阶段最小二乘估计，以尽量克服内生性的影响。根据选取工具变量的规则，对于时间序列或面板数据常以内生变量的滞后变量作为工具变量，因为滞后变量已经发生，可视为"前定"，从当期看，其取值已经固定，可能与当期的扰动项不相关。本书首先以数字经济发展水平的滞后一期为工具变量，认为其对资源配置的影响在同期时已经发生，滞后一期的影响甚微。回归结果如表5-14（a）所示。相较于上文的估计结果，数字经济发展对综合资源配置、劳动及其他中间投入的改善效应依然较显著。其次，参考已有研究，白俊红等[115]对互联网发展影响要素配置扭曲的地区层面研究中，以各地级市的固定电话数和邮局数量作为互联网发展的工具变量，从行业层面数据可得性及合理性出发，本书又选取行业大中型企业单位数作为工具变量，大中型企业依托其发展规模优势，在数字技术的研发、应用、引进等方面具有明显优势，且更易引进数字化管理系统等现代工具应用于生产管理，所以本书认为大中型企业单位数多的行业，其数字经济发展规模相对较大。回归结果如表5-14（b）所示，数字经济发展对综合资源配置、劳动及其他中间投入的改善效应依然是显著的。

表5-14（a）　工具变量法回归结果

变量	RM_{CD}	RM_K	RM_L	RM_E	RM_M
lnDE	−0.046 3*** （−4.33）	0.017 （0.30）	−0.383*** （−3.69）	0.087 （1.37）	−0.284*** （−10.73）
IS	0.007*** （15.82）	0.012*** （4.75）	−0.004 （−0.87）	0.005 （1.64）	0.006*** （4.94）
FO	−0.146*** （−3.98）	0.369* （1.90）	4.679*** （13.16）	0.337 （1.55）	0.814*** （8.97）
IP	0.547*** （3.18）	2.294** （2.52）	0.754 （0.45）	1.029 （1.01）	−0.287 （−0.67）

变量	RM_{CD}	RM_K	RM_L	RM_E	RM_M
CI	−0.146*** (−7.55)	0.359*** (3.49)	0.046 (0.25)	0.172 (1.49)	0.252*** (5.25)
FC	−0.149** (−2.55)	−1.184*** (−3.82)	−3.766*** (−6.64)	−0.426 (−1.23)	0.207 (1.43)

注：原假设为工具变量不可识别的检验统计量 Kleibergen−Paap rk LM 的值为 114.672，对应的 P 值为 0.00，拒绝不可识别原假设。原假设为工具变量为弱工具变量的检验统计量 Kleibergen−Paap rk Wald F 的值为 1 666.413，Stock−Yogo 检验 10% 的临界值为 16.38，拒绝弱工具变量假设。内生变量与工具变量相等，不存在过度识别问题。第一阶段的回归结果表明工具变量对内生变量的回归系数为 0.884，对应的 P 值为 0.000，有较好的解释力，满足工具变量与内生变量的相关性。

表5−14（b）　工具变量法回归结果

变量	RM_{CD}	RM_K	RM_L	RM_E	RM_M
lnDE	−0.095 5*** (−6.56)	−0.117 (−1.61)	−0.410** (−2.44)	0.214*** (2.89)	−0.199*** (−6.22)
IS	0.007 3*** (12.40)	0.011*** (3.52)	−0.002 (−1.09)	0.005*** (2.87)	0.006*** (8.60)
FO	−0.116*** (−3.31)	0.376*** (2.96)	4.077*** (9.15)	0.268** (2.07)	0.805*** (8.72)
IP	0.665*** (2.61)	2.163 (1.62)	0.322 (0.35)	0.776 (0.88)	−0.170 (−0.61)
CI	−0.121*** (−6.27)	0.397*** (3.58)	−0.364** (−2.26)	0.111 (1.19)	0.223*** (5.92)
FC	−0.181*** (−2.64)	−1.308*** (−3.93)	−3.252*** (−6.75)	−0.403* (−1.67)	0.203 (1.37)

注：原假设为工具变量不可识别的检验统计量 Kleibergen−Paap rk LM 的值为 79.651，对应的 P 值为 0.00，拒绝不可识别原假设。原假设为工具变量为弱工具变量的检验统计量 Kleibergen−Paap rk Wald F 的值为 313.027，Stock−Yogo 检验 10% 的临界值为 16.38，拒绝弱工具变量假设。内生变量与工具变量相等不存在过度识别问题。第一阶段的回归结果表明工具变量对内生变量的回归系数为 0.649，对应的 P 值为 0.000，有较好的解释力，满足工具变量与内生变量的相关性。

7.稳健性检验

以上检验基于2001—2020年的产业数字化增加值规模，因数据局限，制造业两位数行业的数字产业化增加值的测算区间为2012—2020年，现以2012—2020年两位数细分行业的总体数字经济增加值的对数值作为被解释变量，检验其对各要素错配的影响。回归方式与上文相同，检验结果如表5−15所示。由结果可知，在缩短数据区间之后，数字经济发展对劳动、能源及其他中间投入的错配改善效应显著，对综合资源错配的回归系数为负，虽然未通过显著性检验，但也说明在一定程度上具有改善效应。

表5-15 数字经济发展影响资源错配的回归结果

变量	RM_{CD}	RM_K	RM_L	RM_E	RM_M
lnDE	−0.017 （−1.33）	0.065 （0.96）	−0.066*** （−7.54）	−0.164** （−2.57）	−0.254*** （−7.15）
IS	0.008*** （15.19）	0.017*** （6.29）	0.007 （1.34）	0.008*** （3.08）	0.008*** （5.51）
FO	−0.125*** （−2.58）	1.722*** （4.02）	7.236*** （9.16）	1.396*** （3.43）	0.861*** （3.79）
IP	−0.792*** （−2.94）	−0.194 （−0.14）	−3.719 （−1.46）	−0.265 （−0.2）	−2.361*** （−3.22）
CI	−0.159*** （−5.28）	0.984*** （6.36）	0.045 （0.16）	0.458*** （3.11）	0.158* （1.92）
FC	−0.06 （−0.65）	−1.214** （−2.49）	−2.38*** （−2.64）	−1.356*** （−2.92）	0.609** （2.35）

8.总结

综合以上分析结果可知，制造业的数字经济发展可以显著改善行业的综合资源配置，尤其对劳动和中间投入的优化作用较显著。从其他相关变量来看，行业规模的扩张未起到优化资源配置的作用；行业的外贸发展虽对综合配置的改善效应显著，但从单个要素看，并未表现出同样的改善效应，所以改善效应并不突出；行业利润的增加虽然能促进能源及其他中间投入的优化配置，但效果并不显著；资本存量的增加有利于综合配置的改善，但对资本、能源及其他中间投入表现为促进错配；外商资本的增加对综合配置、资本及劳动的配置优化作用较显著。资源的优化配置是经济系统下相对复杂的过程，尤其要素之间的替代与互补作用，可能使单要素的错配程度在整体视角下变得不明显，或者因经济变量之间的相互影响，会干扰对资源配置的改善效应，总而言之，核心解释变量数字经济发展水平对资源配置的优化具有不同程度的促进效应。

5.2.4 数字经济发展改善资源错配的TFP效应检验

以上研究表明数字经济发展改善资源错配的效应较显著，已有研究表明，数字经济发展通过改善资源配置可以提高全要素生产率，数字经济发展通过矫正要素市场上广泛存在的资源错配提高资源配置效率，进而促进全要素生产率的提高[116, 118, 181, 204, 205]。上文已分别完成了资源错配与全要素生产率的理论关系分析及数字经济发展改善资源错配的理论分析，并通过实证检验方法得出资源错配对全要素生产率的负面抑制效应以及数字经济发展可以显著改善部分资源错配，由此并根据本书测算结果检验，可认为数字经济发展可以以改善资源错配为路径促进全要素生产率的提高。

同时，数字经济发展表现出了提高全要素生产率的多面利好途径，通过企业信息化的加快及数字技术的应用促进传统企业技术变革，提升全要素生产率[206]。数字经济发展驱动了用户价值主导和替代式竞争的企业管理变革力量，促进了企业内部一系列管理模式的变革，并引致企业效率提高[207]。制造业企业与互联网的深度融合可以降低企业的信息搜索与匹配成本，降低生产和交易的成本，整合资源，提高生产效率[208]。数字技术通过人机协同和深度学习辅助人类工作，实现生产和管理的智能化从而提高生产效率[209]。在数字经济发展背景下，大数据试验区的建立提升了制造业企业的智能化意识和研发水平，通过纯技术进步主导显著提高了地区全要素生产率，且对欠发达地区和创新不足地区的促进作用更显著[172]。"互联网+"式的数字网络的发展通过规模效率进步显著提高了装备制造业的全要素生产率[210]。数字经济发展会通过人力资本投资及产业结构升级影响全要素生产率，并通过显著的空间溢出效应带动临近地区全要素生产率的提高[211]。数字经济提高了供应链内的生产协作能力，也加剧了行业内竞争，促使企业加速技术研发，提高生产效率[212]。数字技术作为生产赋能型技术通过对资本及劳动赋能嵌入生产系统，数字技术、要素配置偏向与数字技术偏向是直接提高全要素生产率、增长率的主要来源，且数字技术的贡献最大[213]。

综上所述，现有文献讨论了数字经济和全要素生产率之间的关系，包括通过改善资源配置、提升管理模式、促进技术进步、降低成本等路径实现全要素生产率的提高，充分分析了数字经济发展对全要素生产率的利好效应。由此本书认为，数字经济发展对全要素生产率有正向促进作用，并通过改善资源错配提升全要素生产率。从上文数字经济发展对不同要素错配影响的显著性来看，主要分析数字经济发展通过劳动及其他中间投入配置改善的中介效应，即检验在数字经济、资源错配及全要素生产率统一分析框架下数字经济发展改善资源错配的TFP效应。

因此，借鉴王军等[118]的研究模式采用依次检验法考察数字经济发展通过资源错配进一步改善全要素生产率的中介效应，并构建如下中介效应检验模型：

$$TFP_{i,t} = \rho_0 + \rho_1 DE_{i,t} + \rho_2 X_{i,t} + \varepsilon_i + \varphi_t + e_{i,t} \tag{5-14}$$

$$RM_{J,it} = \rho_{J3} + \rho_{J4}DE_{it} + \rho_{J5}X_{it} + \varepsilon_i + \varphi_t + e_{it} \ (J=L, M) \tag{5-15}$$

$$TFP_{i,t} = \rho_6 + \rho_7 DE_{i,t} + \sum_J \rho_{J8}RM_{J,it} + \varepsilon_i + \varphi_t + e_{i,t} \tag{5-16}$$

TFP 即前文的 TP，表示全要素生产率的对数形式，其余变量的含义与选择和前文一致。中介效应检验逻辑：首先检验 ρ_1 是否显著，其次检验系数 ρ_{J4}，若显著进一步检验 ρ_7，若 ρ_7 显著为部分中介，若 ρ_7 不显著则为完全中介。

5.2.4.1 基准回归结果及检验

先对基准回归式（5-14）进行参数估计，依据前文类似的回归方式，选择时间、行业双因素固定效应回归模型，并选择数字经济发展的滞后一期及大中型企业单位数作为工具变量进行内生性检验；缩短区间以2012—2020年制造业两位数细分行业的总体数字经济增加值的对数值作为核心被解释变量的替换进行稳健性分析。现将结果整理如表5-16所示。列（1）为固定效应回归结果，核心解释变量数字经济的回归系数为0.058 1，在5%的显著性水平下显著，说明数字经济发展显著促进了全要素生产率的提高。列（2）和列（3）为内生性检验结果，说明在尽可能解决内生性问题后，数字经济发展对全要素生产率仍具有显著的正向促进作用，列（4）的稳健性回归检验结果也得出同样的结论，综上推断，回归结果较稳健。

表5-16 基准回归及检验结果

	（1）	（2）	（3）	（4）
	TFP	*TFP*	*TFP*	*TFP*
DE	0.058 1**	0.069 3*	0.028 2***	0.207 4***
	（2.29）	（1.92）	（4.48）	（5.67）
IS	0.000 2**	0.001 4***	0.001 4***	0.000 1
	（2.36）	（9.78）	（9.96）	（0.13）
FO	−0.089 9**	−0.067 9***	0.052 2***	−0.501 2
	（−2.63）	（−5.00）	（3.29）	（−1.64）
IP	1.289 8***	0.543 9	−0.070 7	−1.193 4***
	（4.03）	（0.74）	（−0.95）	（−4.08）
CI	0.000 2	0.007 0	−0.020 6**	0.116 6***
	（0.01）	（0.10）	（−2.50）	（3.51）
FC	0.116 3***	0.197 5***	0.175 1***	0.131 9
	（3.62）	（2.83）	（2.82）	（0.68）
_cons	0.140 0***	0.280 3***	0.148 5	0.585 9***
	（57.28）	（8.49）	（0.80）	（4.90）
—	—	第一阶段		—

	（1）	（2）	（3）	（4）
	TFP	*TFP*	*TFP*	*TFP*
DE 的滞后一阶项		0.884*** [0.000]	—	—
大中型企业单位数的对数	—		0.649*** [0.000]	—
Kleibergen-Paap rk LM 检验	114.672 [0.00]	79.651 [0.00]		—
Kleibergen-Paap rk Wald F 检验	1 666.413 {16.38}	313.027 {16.38}		—

注：列（2）和列（3）是两阶段最小二乘法估计结果。Kleibergen-Paap rk LM 的原假设是工具变量识别不足，[ ] 中是 P 值。Kleibergen-Paap rk Wald F 的原假设是工具变量为弱工具变量，{ } 中是 Stock.Yogo 检验 10% 水平临界值。

5.2.4.2　机制检验

前文实证分析及检验结果表明，数字经济发展能够提升全要素生产率水平，接下来检验式（5-15）及式（5-16），即检验数字经济发展是否通过显著改善劳动及其他中间投入提升全要素生产率水平。对式（5-15）的检验已在 5.2.3.2 节中验证，得出的结论为数字经济发展对劳动及其他中间投入错配的改善较显著。仅需对式（5-16）进行回归，为方便观察，将双因素固定效应回归结果及前文结果整理如表 5-17 所示。由列（3）同时纳入解释变量数字经济及中介变量劳动和其他中间投入错配的参数估计结果可知，数字经济发展可以通过改善劳动及其他中间投入错配引起全要素生产率的提升，进一步验证了前文的理论分析。

表5-17　劳动、其他中间投入错配的中介效应检验结果

	（1）	（2）	（3）
	RM_L	RM_M	*TFP*
DE	−0.323*** (−3.74)	−0.238*** (−10.78)	0.005 9*** (3.05)
RM_L	—	—	−0.020 5** (−2.66)
RM_M	—	—	0.026 7 (1.06)
IS	−0.004 (−0.79)	0.006*** (4.93)	0.000 2** (2.28)

	（1）	（2）	（3）
	RM_L	RM_M	TFP
FO	4.403*** （13.13）	0.823*** （9.61）	−0.125 2*** （−3.82）
IP	1.127 （0.70）	−0.127 （−0.31）	−0.277** （−2.38）
CI	0.033 （0.18）	0.244*** （5.20）	0.015 5 （0.50）
FC	−3.508*** （−6.40）	0.189 （1.35）	0.101 8** （2.22）
_cons	0.100 3*** （6.50）	0.048 5 （0.79）	1.055*** （38.67）

5.3　技术创新影响资源错配的实证检验

5.3.1　制造业技术创新发展现状

创新是引领发展的第一动力，是推动经济高质量发展的战略支撑。2006年中国就制定了《国家中长期科学和技术发展规划纲要（2006—2020年）》，提出了"自主创新，重点跨越，支撑发展，引领未来"的指导方针。随着国家对科技创新的高度重视，相关政策不断出台，从深化科技体制改革、科技成果转化、科技奖励机制、科技人才激励、科技创新支持等多维度全方位推动科技创新发展。党的十九届五中全会提出要提升企业技术创新能力，对企业科技创新能力建设提出了明确要求，并指明了重点建设方向。党的二十大报告进一步指出，要完善科技创新体系，坚持创新在中国现代化建设全局中的核心地位。作为国民经济主体的制造业，在自主创新能力方面与世界先进水平差距明显，从人均制造业收入水平来看，2020年中国人均制造业增加值2 749美元，高收入国家的人均制造业增加值约为6 000美元，其中，德国和日本的人均制造业增加值均超过8 000美元，美国和韩国的人均制造业增加值则均超过7 000美元[214]，中国制造业总量规模虽居世界首位，但一人均就难显竞争优势，还有很大的提升空间，尤其是在高精尖技术行业的突破发展将会释放出竞争力量，但当前瓶颈问题突出，尤其是在半导体、芯片等领域的"卡脖子"难题同时面临国外技术垄断，使技术创新突围变得更为迫切和艰难。

阶段性或体制性的因素限制了企业技术创新能力的提升。譬如，对创新具有显著支撑作用的资本市场的发展不充分；具有创新意识的企业家精神的缺失以及知识产权保护制度的缺失；以GDP为主要考核目标的背景下，政府长期推行的粗放式的发展战略；等等。由于企业的技术创新能力有限，便只能在低端产品的生产环节进行竞争，在信息不对称的情况下，"潮涌现象"会导致低水平产能的重复建设，而一些高端产品则由于有效供给能力的缺失而出现短缺，不得不依赖于进口。多数企业和产业聚集在低端的环节不仅造成了资源浪费，而且易形成激烈的价格竞争。低端的锁定又会通过"温水煮青蛙"的效应延缓中国产业的技术升级，中国虽有巨大的"大国市场"而无从发挥[215]。

中国制造业过去很长一段时间以成本为竞争优势的发展模式在随着人口红利消失和世界贸易摩擦加剧变得难以为继，技术创新成为保持和持续提升竞争优势的关键支撑。根据《2021中国制造业创新调查报告》[216]，以提升竞争力和建立驱动创新组织文化为创新活动首要目标的企业占比高于以提升财务回报为首要目标的企业，大部分企业重视建设数字技术能力和研发实力，但尚未形成明显的创新战略和机制以支持持续有效的技术创新。2020年，中国研发投入强度达到2.4%左右，而2018年，美国、德国、日本、韩国的研发强度分别达到2.83%、3.13%、3.28%、4.53%。上述国家制造业研发投入占总投入的比重分别为46.9%、58.8%、68.7%、71.3%，均远高于其制造业增加值占GDP的比重，制造业本身的研发投入强度均不同程度高于中国[214]。但近几年中国的研发投入增速较快，从2015年的1.42万亿元增加到2020年的2.44万亿元，2020年的总体研发投入结构中，应用研究和试验发展经费分别占11.3%和82.7%，中国制造业研发投入占总研发投入的60.6%，带动了科技实力与创新能力的不断提升，为新产品、新工艺、新业态、新模式等方面培育出了良好的发展环境。

5.3.1.1　技术创新投入现状

R&D人员全时当量、R&D经费内部支出和新产品开发经费支出能够反映制造业技术创新过程中人力和资金的研发投入情况，由表5-18可知，2008—2020年13年间，R&D人员全时当量由113.64万人年增加到334.99万人年，13年间增长了近2倍，年均增长率为9.43%。R&D经费内部支出由5 556.46亿元增加到14 745.41亿元，13年间增长了近1.65倍，年均增长率为8.47%。新产品开发经费支出由3 603.83亿元增加到18 317.87亿元，13年间增长了近4倍，年均增长率为14.51%。另外，引进技术经费支出、消化吸收经费支出、购买境内技术经费支出以及技术改造经费支出能够反映制造业技术创新过程中非研发投入情况，由表5-18可知，在2008—2020年间，制造业引进技术经费支出由437.25亿元增加到457.41亿元；消化吸收经费支出由103.28亿元减少到75.27亿元，其间经历了不同程度的增加与减少；购买境内技术经费支出由176.65亿元增加到830.90亿元；技术改造经费支出由4 078.32亿元减少到3 206.97亿元；四种类型经费支出总量由4 795.50亿元减少到4 570.56亿元，自2008年起呈小幅度下降趋势，自2017年又开始有小幅度提升。

表5-18　2008—2020年制造业技术创新投入情况

年份	R&D人员折合全时当量（万人年）	R&D经费内部支出（亿元）	新产品开发经费支出（亿元）	引进技术经费支出（亿元）	消化吸收经费支出（亿元）	购买境内技术经费支出（亿元）	技术改造经费支出（亿元）
2008	113.64	5 556.46	3 603.83	437.25	103.28	176.65	4 078.32
2009	135.42	3 570.72	4 371.45	411.12	164.36	193.39	3 797.06
2010	127.54	3 771.33	4 324.00	377.22	153.16	190.77	3 280.62
2011	182.38	5 692.38	6 723.44	424.86	162.34	208.94	3 788.91
2012	213.15	6 845.70	7 844.40	385.84	149.01	193.64	3 714.15
2013	236.82	7 950.23	9 056.15	386.15	140.03	205.26	3 585.30
2014	251.74	8 880.73	9 938.15	378.86	133.55	201.28	3 204.15
2015	252.89	9 640.19	10 095.54	387.87	100.61	197.26	2 746.45
2016	259.24	10 569.26	11 573.36	473.00	102.79	189.60	2 664.94
2017	263.00	11 608.36	13 258.79	390.54	107.68	192.94	2 719.01
2018	288.86	12 497.99	14 754.11	462.87	90.54	426.84	2 887.55
2019	304.49	13 510.26	16 721.29	473.36	96.28	529.13	3 437.19
2020	334.99	14 745.41	18 317.87	457.41	75.27	830.90	3 206.97

注：由制造业两位数行业汇总而得。

将制造业两位数行业划分为劳动密集型、资本密集型及技术密集型三类（详见第3章），降维观察技术创新投入差异。制造业研发投入均呈增长趋势，技术密集型行业在R&D人员全时当量、R&D内部经费支出及新产品开发经费支出方面具有显著的高投入，平均来看，R&D人员全时当量是劳动与资本密集型投入的2.5倍，劳动密集型行业的R&D人员全时当量在2018年之前低于资本密集型行业，之后有所赶超，说明劳动密集型行业的技术型人才投入有所增加，劳动力质量逐渐升级。技术密集型行业的R&D内部经费支出约是资本密集型行业的2倍，是劳动密集型行业的3倍，劳动密集型行业的总量规模较小，但平均增速较快，为13.84%，高于资本及技术密集型行业的7.17%及10.96%。技术密集型行业的新产品开发经费支出约是劳动密集型行业的3倍，是资本密集型行业的2倍，平均来看，劳动密集型行业虽然规模最小，但具有较高的增速，为17.30%，技术及资本密集型的增速分别为15.00%及11.81%。

从非研发投入看，资本密集型行业凭借资本优厚，在引进外来技术方面的投入趋高，但整体呈U型变化趋势，经历负增长之后自2018年起又有所回升，2008年投入规模为2 990.80亿元，2020年略减至2 082.76亿元。劳动密集型行业的非研发投入规模一直较小，且未有较大浮动。技术密集型行业的非研发投入呈现增长趋势，年平均增长率为3.91%。由以上整理可知，劳动密集型行业自身研发投入总体规模相对较小，但有稳定的增长趋势；非研发投入未有显著增减趋势。资本密集型行业前期具有较高的非研发投入，在2012年前，高于自身新产品开发经费支出，但自2013年起，自身新产品开发经费支出开始高于非研发投入，说明对外部技术的依赖性有所降低，更多关注于自身的技术创新。技术密集型行业的研发投入水平一直较高，领先于其他行业，且更注重于自身的研究创新，对外部的技术依赖程度小于资本密集型行业，但相关投资在波动中有所增进。各类型行业的技术创新投入与行业本身特色密切相关，但在高质量发展驱动下，创新投入的增加是趋势，也是需要，在面对外部技术封锁加重的形势下，自身的科技创新投入增长是提升产出的基本支撑，也被寄予厚望带来高效率与高质量产出。

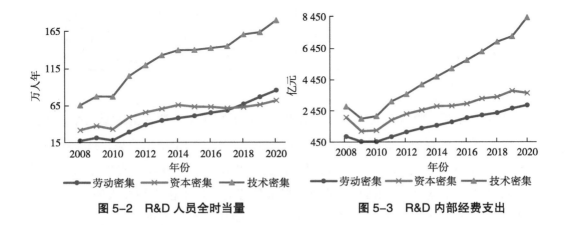

图5-2　R&D人员全时当量　　　　图5-3　R&D内部经费支出

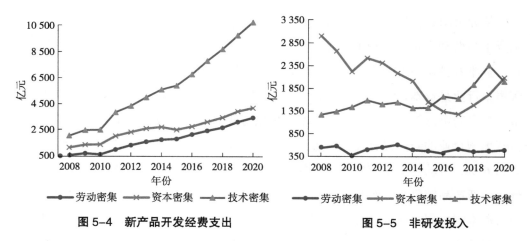

图 5-4　新产品开发经费支出　　　　图 5-5　非研发投入

5.3.1.2　技术创新产出现状

2008—2020年13年间，制造业专利申请数由169 375件增加到1 192 211件，13年间增长了6倍多，年均增长率为17.66%。有效发明专利数由78 677件增加到1 395 654件，13年间增长了近17倍，年均增长率为27.08%。新产品开发项目数由180 980项增加到773 790项，13年间增长了3倍多，年均增长率为12.87%。新产品销售收入由55 822.59亿元增加到234 770.18亿元，13年间增长了3倍多，年均增长率为12.72%。

表 5-19　2008—2020年制造业技术创新产出情况

年份	专利申请数（件）	有效发明专利数（件）	新产品开发项目数（项）	新产品销售收入（亿元）
2008	169 375	78 677	180 980	55 822.59
2009	259 764	115 382	232 273	64 629.21
2010	192 661	109 721	155 072	72 305.16
2011	374 112	196 521	261 564	99 031.90
2012	469 343	271 080	317 317	108 642.75
2013	534 927	327 989	351 682	126 545.47
2014	601 771	436 862	369 586	141 360.79
2015	608 312	558 799	320 517	149 449.19
2016	685 219	748 396	385 561	173 115.34
2017	785 850	908 055	470 329	189 347.99
2018	914 290	1 060 192	549 553	194 554.58
2019	1 016 838	1 173 424	660 084	209 232.64
2020	1 192 211	1 395 654	773 790	234 770.18

从分类来看，技术密集型行业的创新产出遥遥领先，从平均来看，专利申请量是资本与劳动密集型行业的3倍左右；但看增速，三类行业相差不多，均在18%左右，资本和劳动密集型行业的总量与增长趋势趋同。再看有效发明专利数，技术密集型行业是资本密集型的3.4倍、劳动密集型的4.5倍，资本密集型高于劳动密集型，与专利申请数再比较可知，资本密集型行业的专利有效率高于劳动密集型。技术密集型行业的新产品开发项目数是资本与劳动密集型行业的2倍多，年均增长率为11.61%，劳动与资本密集型行业的平均增速分别为16.68%、12.08%。技术密集型行业的新产品销售收入约是资本与劳动的2.2倍及3.7倍，平均增长率为12.79%，劳动与资本密集型行业的增长率分别为16.06%、10.86%。从整体看，技术密集型行业的高创新产出与高投入相对应，资本和劳动密集型行业的整体产出规模虽远小于技术密集型行业，但具有较高的增速，发展趋势良好。

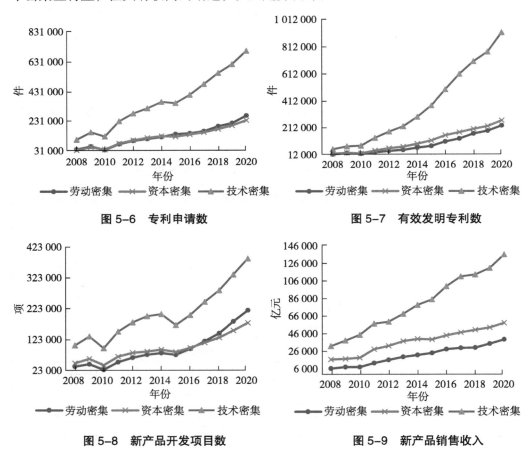

图 5-6　专利申请数　　　　　　　　图 5-7　有效发明专利数

图 5-8　新产品开发项目数　　　　　图 5-9　新产品销售收入

5.3.2 制造业技术创新效率测度

5.3.2.1 变量的选择

从已有研究来看,对技术创新效率的常用测度方法包括随机前沿分析法(SFA)、数据包络分析(DEA)、聚类分析法、因子分析法、指标体系评价等[217-220],常采用的投入产出指标整理如表5-20所示。

表5-20 技术创新效率测度指标整理

劳动投入	R&D人员数、R&D人员全时当量、科技活动人员数、研究人员数量、科学家和工程师数量(全时当量)、技术开发人员数、从业人员数、从业人员全时当量
资本投入	R&D内部经费支出、R&D资本存量、R&D经费投入强度、科技活动经费、技术开发资本存量、固定资产净值、固定资产原值、固定资产总值、新产品开发经费、技术购买经费、消化吸收费用、引进国外技术经费、购买国内技术费用、企业研发机构数、营业费用、总资产
能源投入	能源消耗量
期望产出	专利申请数、绿色专利申请数量、专利授权数、发明专利拥有量、新产品数量、新产品销售收入、新产品开发项目数、新产品产值、新产品出口额、工业增加值、工业总产值、利润总额、营业收入、销售收入、主要产品更新周期、重大产品创新比重、主营业务收入、无形资产、营业利润增长额
非期望产出	专利申请量与授权量的差额、综合能耗产出率、污染物排放量

结合制造业两位数行业数据的可得性及科技创新活动实际,本书考虑技术创新活动的驱动效应,不考虑环境相关因素的影响,并从技术创新活动具有的两阶段特征出发测算效率,第一阶段为技术研发过程,在资本、人力等研发资源的投入下,形成专利、论文、著作等创新成果;第二阶段是技术成果转化过程,既包括自身科技创新成果的产品转化,又包括引进外来技术的应用转化。第一阶段的投入指标选择:R&D人员全时当量、R&D经费内部支出及新产品开发经费,产出指标选择:专利申请数、拥有发明专利授权数及新产品开发项目数。将第一阶段的产出及技术引进转化经费(引进技术费用、消化吸收费用、技术改造费用以及购买国内技术费用之和)作为第二阶段的投入,第二阶段的产出用新产品销售收入表示,技术创新过程的两阶段网络结构如图5-10所示。

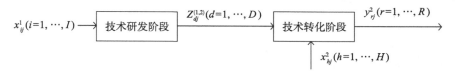

图 5-10 技术创新过程的两阶段网络结构

5.3.2.2 技术创新效率测算模型

本节基于 Tone 和 Tsutsui[221] 提出的网络 SBM 模型计算技术创新效率的总效率及两阶段效率，这是考虑松弛变量的非径向 DEA 模型，可以克服径向 DEA 模型因投入过度或产出不足导致的评价对象效率被高估的问题。为进一步区分效率值为 1 的决策单元的效率高低，使用超效率模型测算。假设评价对象 $DMU_j(j=1,\cdots,n)$ 在技术创新研究阶段的投入为 $x_{ij}^1(i=1,\cdots,m_1)$，产出（第二阶段的投入）为 $z_{dj}^{(1,2)}(d=1,\cdots,D)$，第二阶段即技术转化过程的其他投入为 $x_{hj}^2(h=1,\cdots,m_2)$，产出为 $y_{rj}^2(r=1,\cdots,R)$。

技术研发阶段的生产可能集为：

$$T^1\left\{x^1,z^{(1,2)}\right\}=\left\{(x^1,z^{(1,2)})\Big/\sum_{j=1}^n\lambda_j^1 x_{ij}^1\leqslant x_{i0}^1,\sum_{j=1}^n\lambda_j^1 z_{dj}^{(1,2)}\geqslant z_{d0}^{(1,2)}\right\} \quad（5-17）$$

技术转化阶段的生产可能集为：

$$T^2\left\{x^2,z^{1,2},y^2\right\}=\left\{(x^2,z^{(1,2)},y^2)\Big/\sum_{j=1}^n\lambda_j^2 x_{hj}^2\leqslant x_{h0}^2,\sum_{j=1}^n\lambda_j^2 z_{dj}^{(1,2)}\leqslant z_{d0}^{(1,2)},\sum_{j=1}^n\lambda_j^2 y_{rj}^2\geqslant y_{r0}^2\right\} \quad（5-18）$$

在可变规模报酬下，技术创新过程的非导向两阶段超效率网络 SBM–DEA 模型为：

$$\rho_0^*=\min_{\lambda^k,s^{k-}}\frac{\sum_{k=1}^2\omega^k\Big[1-\frac{1}{m_k}(\sum_{i=1}^{m_k}\frac{s_i^{k-}}{x_{i0}^k})\Big]}{\sum_{k=1}^2\omega^k\Big[1+(\sum_{r=1}^R\frac{s_r^{k+}}{y_{r0}^k})\Big]}$$

$$s.t.\begin{cases}x_{i0}^k\geqslant\sum_{j=1,j\neq0}^n x_{ij}^k\lambda_j^k+s_i^{k-}(i=1,\cdots,m_k)\\[2mm]y_{r0}^k\leqslant\sum_{j=1,j\neq0}^n y_{rj}^k\lambda_j^k-s_r^{k+}(r=1,\cdots,R)\\[2mm]\sum_{j=1}^n z_{dj}\lambda_j^1=\sum_{j=1}^n z_{dj}\lambda_j^2(d=1,\cdots,D),\sum_{j=1}^n\lambda_j^k=1\\[2mm]\lambda_j^k\geqslant0,s_i^{k-}\geqslant0,s_r^{k+}\geqslant0,\omega_k\geqslant0,\sum_{k=1}^2\omega_k=1,k=1,2\end{cases} \quad（5-19）$$

$k=2$ 表示技术创新过程为两个阶段，ρ_0^* 表示决策单元 DMU 的技术创新总效率，s_r^{k-} 和 s_r^{k+} 分别表示子过程 k 的投入松弛量和产出松弛量，ω_k 为第 k 阶段的权重。若 λ_j^{k*}，s_i^{k-*}，s_r^{k+*} 为模型的最优解，则决策单元 DMU 的总效率表示为：

$$\rho_0^*=\sum_{k=1}^2\omega_k\Big[1-\frac{1}{m_k}(\sum_{i=1}^{m_k}\frac{s_i^{k-*}}{x_{i0}^k})\Big] \quad（5-20）$$

各阶段的效率表示为：

$$\rho_k^* = 1 - \frac{1}{m_k}\left(\sum_{i=1}^{m_k}\frac{s_i^{k-*}}{x_{i0}^k}\right), k = 1,2 \qquad (5-21)$$

5.3.2.3 结果与分析

1.技术创新研发阶段效率

根据上文所选指标数据及模型，本书测算了制造业两位数行业2008—2020年的技术创新效率，相关数据来自《中国科技统计年鉴》。第一阶段（技术创新研发阶段）各行业2011—2020年的效率结果如表5-21所示。从整体看，各行业研发阶段的效率具有改善趋势；从细分行业看，计算机、通信和其他电子设备制造业，烟草制品业，家具制造业，文教体育用品制造业，电气机械及器材制造业，专用设备制造业近十年的平均效率值在1以上，效率水平较高。效率水平排在后位的行业有有色金属冶炼和压延加工业，化学纤维制造业，石油、煤碳及其他燃料加工业，黑色金属冶炼和压延加工业，平均水平在0.42以下。从要素密集度行业划分来看，技术密集型行业的平均效率较高，平均值为0.951，约是劳动密集型行业的1.3倍，资本密集型行业的1.6倍。劳动密集型行业的平均效率高于资本密集型，平均水平分别为0.752及0.591。鉴于各行业的特征，技术密集型行业的高效率符合其发展定位，资本密集型行业虽然在投入和产出水平上高于劳动密集型行业，但其效率相对最低，其中，黑色金属冶炼和压延加工业，石油、煤碳及其他燃料加工业及化学纤维制造业的效率水平排在最后三位，整体拉低了资本密集型行业的效率水平。

表5-21 技术创新研发阶段效率

行业	年份										平均
	2011	2012	2013	2014	2015	2016	2017	2018	2019	2020	
农副食品加工业	0.348	0.384	0.454	0.455	0.461	0.444	0.453	0.520	0.577	0.553	0.465
食品制造业	0.362	0.495	0.612	0.578	0.530	0.576	0.685	0.818	0.773	0.847	0.628
纺织业	0.468	0.443	0.462	0.488	0.489	0.513	0.458	0.560	0.532	0.557	0.497
纺织服装、服饰业	0.335	0.382	0.567	0.549	0.439	0.849	0.455	0.549	0.692	0.914	0.573
皮革、毛皮、羽毛及其制品和制鞋业	0.373	0.453	0.567	0.615	0.458	0.600	0.504	0.547	0.874	0.848	0.584
木材加工和木、竹、藤、棕、草制品业	0.584	0.911	0.759	0.525	0.420	0.438	0.540	0.956	1.181	1.216	0.753
家具制造业	1.127	1.490	1.380	1.061	1.117	1.472	1.623	1.576	1.767	1.321	1.393
印刷和记录媒介复制业	0.371	0.584	0.797	0.765	0.777	0.767	0.948	0.999	0.840	1.033	0.788
文教体育用品制造业	0.898	1.118	1.110	0.971	0.959	1.000	1.053	1.239	0.964	1.447	1.076
橡胶和塑料制品业	0.662	0.538	0.657	0.621	0.608	0.670	0.725	0.834	0.808	0.796	0.692

行业	年份										平均
	2011	2012	2013	2014	2015	2016	2017	2018	2019	2020	
非金属矿物制品业	0.498	0.601	0.670	0.619	0.593	0.617	0.683	0.673	0.643	0.747	0.634
金属制品业	0.814	0.708	0.726	0.685	0.696	0.728	0.766	0.903	0.857	0.875	0.776
工艺品及其他制造业	0.553	0.736	0.799	0.898	0.626	0.675	0.818	1.271	1.484	1.302	0.916
劳动密集型平均	0.569	0.680	0.735	0.679	0.629	0.719	0.747	0.880	0.922	0.958	0.752
酒、饮料和精制茶制造业	0.242	0.355	0.462	0.436	0.435	0.434	0.444	0.667	0.617	0.701	0.479
烟草制品业	0.591	1.131	1.250	1.334	1.937	1.574	1.648	1.496	1.456	1.657	1.407
造纸和纸制品业	0.241	0.325	0.372	0.407	0.385	0.461	0.437	0.571	0.593	0.613	0.441
石油、煤碳及其他燃料加工业	0.392	0.316	0.325	0.323	0.347	0.329	0.350	0.427	0.408	0.418	0.364
化学原料和化学制品制造业	0.562	0.583	0.627	0.557	0.675	0.582	0.682	0.653	0.646	0.712	0.628
化学纤维制造业	0.240	0.325	0.411	0.332	0.289	0.343	0.288	0.536	0.515	0.537	0.382
黑色金属冶炼和压延加工业	0.276	0.285	0.295	0.289	0.341	0.330	0.311	0.305	0.283	0.306	0.302
有色金属冶炼和压延加工业	0.388	0.380	0.428	0.424	0.420	0.412	0.430	0.440	0.402	0.457	0.418
通用设备制造业	0.800	0.910	0.859	0.830	0.894	0.899	0.894	0.999	1.041	0.896	0.902
资本密集型平均	0.415	0.512	0.559	0.548	0.636	0.596	0.609	0.677	0.662	0.700	0.591
医药制造业	0.735	0.685	0.707	0.640	0.552	0.571	0.557	0.543	0.573	0.557	0.612
专用设备制造业	0.823	0.946	0.945	1.087	0.915	0.983	1.129	1.118	1.115	1.116	1.018
交通运输设备制造业	0.483	0.522	0.538	0.537	0.570	0.531	0.558	0.543	0.528	0.517	0.533
电气机械及器材制造业	0.941	0.971	0.945	0.978	1.026	1.039	1.062	1.127	1.038	1.050	1.018
计算机、通信和其他电子设备制造业	1.994	1.760	1.338	1.295	1.224	1.295	1.340	1.642	1.550	1.934	1.537
仪器仪表及文化、办公用机械制造业	0.838	0.815	0.986	0.979	0.867	0.964	0.985	1.062	1.111	1.252	0.986
技术密集型平均	0.969	0.950	0.910	0.919	0.859	0.897	0.938	1.006	0.986	1.071	0.951
总体平均	0.605	0.684	0.716	0.689	0.680	0.718	0.744	0.842	0.852	0.899	0.743

注：指标统计口径2008年前后有所变化，为保持结论的一致性，测算区间为2008—2020年，且鉴于数据的可获得性，测算如表中28个细分行业的效率值，下同。

2.技术创新成果转化阶段效率

2011—2020年各行业技术创新成果转化阶段效率结果如表5-22所示。由此可知，制造业整体成果转化效率水平呈现波动性，有增有减。各行业成果转化阶段的效率水平整体偏高，排在前位的行业有化学纤维制造业，皮革、毛皮、羽毛及其制品和制鞋业，交通运输设备制造业，烟草制品业，这些行业在研发阶段的排名也比较靠前。在技术创新过程中，第一阶段的技术研发对第二阶段的技术成果转化具有铺垫作用，两个阶段效率差距越小说明研发过程的继承与衔接越有成效。排在后位的行业有非金属矿物制品业，专用设备制造业，食品制造业，仪器仪表及文化、办公用机械制造业，其中专用设备制造业虽然在研发阶段的效率水平相对较高，但在成果转化方面的效率并不理想，类似这种类型的行业在研发投入已比较有效的基础上，需要提高成果转化的实质性价值，避免高起点低落点。从行业划分来看，资本密集型行业的成果转化效率较高，其次是技术密集型行业和劳动密集型行业。与前文排序的差异性表明，部分行业的技术创新研发与成果转化阶段的衔接并不是很理想，存在一定程度的脱节，前期专利等的高效研发不一定能转化成实际高收益，说明成果的实际价值有待提升，表现出这种特征的行业有专用设备制造业，仪器仪表及文化、办公用机械制造业，印刷和记录媒介复制业，通用设备制造业。反过来，成果转化效果较高而研发效率较低的行业有化学纤维制造业，交通运输设备制造业，石油、煤炭及其他燃料加工业，说明这些行业的专利等成果具有较高的实用价值，转化成实际价值的能力比较高，其余大部分行业的波动较稳定，两个阶段的匹配性较好。

表5-22 技术创新成果转化阶段效率

行业	年份										平均
	2011	2012	2013	2014	2015	2016	2017	2018	2019	2020	
农副食品加工业	0.824	1.235	0.748	0.907	0.830	0.877	0.939	1.074	0.667	0.852	0.895
食品制造业	0.495	0.618	0.501	0.543	0.554	0.523	0.486	0.405	0.357	0.434	0.492
纺织业	1.425	1.645	1.401	1.287	1.234	1.747	1.297	0.948	0.662	0.852	1.250
纺织服装、服饰业	1.208	1.460	1.157	1.246	1.249	1.000	1.913	1.340	1.130	1.000	1.270
皮革、毛皮、羽毛及其制品和制鞋业	1.462	1.491	1.258	1.155	1.935	1.506	1.477	1.887	1.411	1.324	1.491
木材加工和木、竹、藤、棕、草制品业	0.682	0.728	0.678	1.013	0.976	0.928	0.843	0.894	1.108	1.161	0.901
家具制造业	1.329	1.163	1.209	0.894	0.936	0.809	0.775	0.637	0.565	0.495	0.881
印刷和记录媒介复制业	0.552	0.740	0.498	0.557	0.739	0.787	0.700	0.527	0.383	0.445	0.593
文教体育用品制造业	0.595	0.478	0.662	0.724	0.570	0.526	0.558	0.540	0.649	0.454	0.576
橡胶和塑料制品业	0.490	0.787	0.576	0.583	0.555	0.554	0.598	0.607	0.579	0.563	0.589
非金属矿物制品业	0.375	0.516	0.445	0.504	0.502	0.476	0.492	0.499	0.675	0.737	0.522
金属制品业	0.504	0.595	0.527	0.549	0.539	0.550	0.592	0.591	0.588	0.680	0.571
工艺品及其他制造业	0.457	1.305	1.623	1.620	1.807	2.172	1.954	1.084	0.977	0.874	1.387

行业	年份										平均
	2011	2012	2013	2014	2015	2016	2017	2018	2019	2020	
劳动密集型平均	0.800	0.982	0.868	0.891	0.956	0.958	0.971	0.849	0.750	0.759	0.878
酒、饮料和精制茶制造业	0.769	1.084	0.596	0.524	0.552	0.651	0.762	0.588	0.504	0.586	0.661
烟草制品业	2.449	1.456	1.142	1.381	1.094	1.120	1.246	1.220	1.298	1.493	1.390
造纸和纸制品业	1.224	1.442	1.196	0.869	1.191	1.085	1.354	1.124	0.854	1.026	1.137
石油、煤炭及其他燃料加工业	0.447	1.015	1.655	1.534	1.668	1.545	1.352	1.439	1.462	1.644	1.376
化学原料和化学制品制造业	0.585	0.651	0.802	0.704	0.801	0.706	0.790	0.875	0.775	0.766	0.745
化学纤维制造业	1.497	1.756	1.373	1.831	1.961	1.771	2.156	1.166	1.305	1.254	1.607
黑色金属冶炼和压延加工业	1.078	1.273	1.382	1.273	1.064	1.106	1.358	1.094	1.153	1.349	1.213
有色金属冶炼和压延加工业	0.755	1.123	1.257	1.312	1.225	1.271	1.323	1.133	1.431	1.260	1.209
通用设备制造业	0.474	0.525	0.524	0.498	0.514	0.508	0.532	0.660	0.675	0.392	0.530
资本密集型平均	1.031	1.147	1.103	1.103	1.119	1.085	1.208	1.033	1.051	1.085	1.097
医药制造业	0.493	0.532	0.412	0.455	0.513	0.510	0.622	0.745	0.710	0.786	0.578
专用设备制造业	0.370	0.528	0.403	0.443	0.389	0.430	0.482	0.657	0.577	0.640	0.492
交通运输设备制造业	2.509	2.035	1.424	1.420	1.371	1.059	1.240	1.098	1.039	1.026	1.422
电气机械及器材制造业	0.820	0.814	0.750	0.774	0.741	0.811	0.811	1.041	1.135	1.253	0.895
计算机、通信和其他电子设备制造业	1.089	1.182	1.549	1.544	1.556	1.285	1.302	1.043	1.127	0.898	1.257
仪器仪表及文化、办公用机械制造业	0.364	0.366	0.338	0.338	0.425	0.416	0.471	0.495	0.501	0.325	0.404
技术密集型平均	0.941	0.910	0.812	0.829	0.832	0.752	0.821	0.847	0.848	0.821	0.841
总体平均	0.904	1.019	0.932	0.946	0.982	0.955	1.015	0.908	0.868	0.877	0.941

3.总技术创新效率

总技术创新效率水平结果如表5-23所示。整体效率水平呈现增长趋势，说明制造业整体的创新效率水平在提高。分行业效率水平排在最前位的是计算机、通信和其他电子设备制造业，效率水平最高，且与其他行业的差距显著。其次是烟草制品业，工艺品及其他制造业，家具制造业，皮革、毛皮、羽毛及其制品和制鞋业，效率值均在1以上。非金属矿物制品业，黑色金属冶炼和压延加工业，食品制造业，酒、饮料和精制茶制造业的效率水平排在后位。从分类来看，资本密集型行业的效率高于技术密集型行业，劳动密集型行业的效率最低。技术密集型行业中医药制造业，专用设备制造业及仪器仪表及文化、办公用机械制造业的效率偏低，拉低了整体水平。进一步根据各细分行业2016—2020年的效率均值绘制了图5-11，便于直接观察各行业的效率高低。

表5-23 总技术创新效率

行业	年份										平均
	2011	2012	2013	2014	2015	2016	2017	2018	2019	2020	
农副食品加工业	0.398	0.463	0.372	0.424	0.417	0.516	0.521	0.677	0.619	0.683	0.509
食品制造业	0.202	0.301	0.329	0.293	0.285	0.339	0.316	0.358	0.315	0.346	0.308
纺织业	0.726	0.743	0.782	0.743	0.787	1.019	0.752	0.694	0.559	0.664	0.747
纺织服装、服饰业	0.693	0.753	0.814	0.865	0.739	0.924	1.031	0.869	0.840	0.957	0.848
皮革、毛皮、羽毛及其制品和制鞋业	0.707	0.789	0.803	0.865	1.091	1.011	0.883	1.454	1.600	1.374	1.058
木材加工和木、竹、藤、棕、草制品业	0.468	0.688	0.462	0.569	0.456	0.482	0.426	0.824	1.175	1.238	0.679
家具制造业	1.426	1.689	1.828	0.955	1.027	1.083	1.103	0.852	0.846	0.620	1.143
印刷和记录媒介复制业	0.210	0.383	0.396	0.464	0.537	0.655	0.668	0.525	0.334	0.469	0.464
文教体育用品制造业	0.605	0.537	0.746	0.807	0.633	0.590	0.631	0.589	0.660	0.636	0.644
橡胶和塑料制品业	0.419	0.459	0.415	0.347	0.400	0.470	0.472	0.620	0.523	0.490	0.461
非金属矿物制品业	0.245	0.293	0.323	0.303	0.342	0.341	0.344	0.417	0.504	0.580	0.369
金属制品业	0.408	0.429	0.446	0.415	0.490	0.582	0.527	0.625	0.587	0.662	0.517
工艺品及其他制造业	0.330	1.018	1.231	1.472	1.271	1.583	1.473	1.241	1.219	1.042	1.188
劳动密集型平均	0.526	0.657	0.688	0.656	0.652	0.738	0.704	0.750	0.752	0.751	0.687
酒、饮料和精制茶制造业	0.194	0.325	0.295	0.244	0.246	0.267	0.302	0.427	0.342	0.405	0.305
烟草制品业	1.366	1.409	1.243	1.506	1.590	1.413	1.595	1.467	1.517	1.873	1.498
造纸和纸制品业	0.282	0.399	0.440	0.380	0.443	0.520	0.591	0.819	0.683	0.743	0.530
石油、煤炭及其他燃料加工业	0.222	0.391	0.630	0.526	0.513	0.589	0.523	0.664	0.549	0.616	0.522
化学原料和化学制品制造业	0.381	0.427	0.448	0.408	0.461	0.533	0.548	0.680	0.602	0.621	0.511
化学纤维制造业	0.486	0.646	0.582	0.624	0.561	0.595	0.654	0.771	0.851	0.839	0.661
黑色金属冶炼和压延加工业	0.301	0.372	0.389	0.353	0.324	0.350	0.444	0.384	0.358	0.388	0.366
有色金属冶炼和压延加工业	0.406	0.440	0.497	0.549	0.498	0.540	0.617	0.736	0.706	0.744	0.573
通用设备制造业	0.465	0.442	0.459	0.430	0.504	0.520	0.552	0.675	0.725	0.364	0.513
资本密集型平均	0.456	0.539	0.553	0.558	0.571	0.592	0.647	0.736	0.704	0.733	0.609
医药制造业	0.348	0.346	0.317	0.311	0.331	0.377	0.418	0.522	0.450	0.461	0.388
专用设备制造业	0.368	0.423	0.416	0.435	0.430	0.569	0.576	0.793	0.733	0.769	0.551
交通运输设备制造业	1.270	1.122	0.672	0.687	0.688	0.765	0.756	0.749	0.752	0.758	0.822
电气机械及器材制造业	0.638	0.652	0.641	0.666	0.716	0.837	0.883	1.239	1.302	1.405	0.898

续　表

行业	年份										平均
	2011	2012	2013	2014	2015	2016	2017	2018	2019	2020	
计算机、通信和其他电子设备制造业	1.926	2.004	2.015	1.998	1.803	1.550	1.608	1.476	1.535	1.408	1.732
仪器仪表及文化、办公用机械制造业	0.313	0.310	0.350	0.358	0.456	0.511	0.586	0.584	0.617	0.456	0.454
技术密集型平均	0.810	0.809	0.735	0.742	0.737	0.768	0.804	0.894	0.898	0.876	0.808
总体平均	0.564	0.652	0.655	0.643	0.644	0.697	0.707	0.776	0.768	0.772	0.564

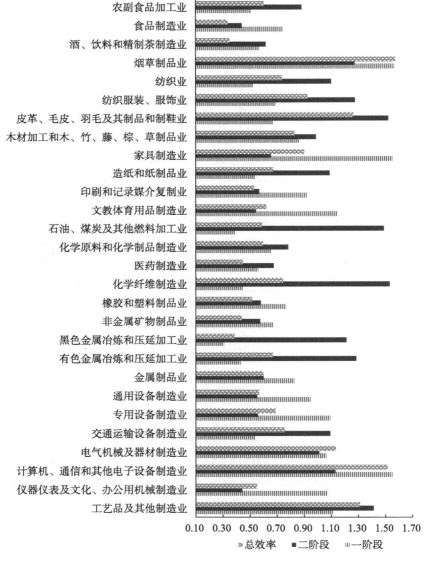

图 5-11　制造业两位数行业分阶段与总技术创新效率值

5.3.3 模型检验与结果分析

5.3.3.1 计量模型设定与变量说明

1.计量模型设定

根据技术创新发展影响资源配置的理论分析，本书构建静态面板计量回归模型检验技术创新效率对资源错配的影响效应。回归模型为：

$$RM_{J,it} = a + b_{it}TIE_{F,it} + cX_{it} + e_{it} + \varepsilon_i + \varphi_t \ (J = K, L, E, M, CD), (F = 1, 2, C) \qquad （5-22）$$

式中，$TIE_{F,it}$ 表示核心解释变量技术创新效率，$F=1, 2, C$ 分别表示研发阶段效率、成果转化阶段效率及综合效率。X_{it} 为控制变量，e_{it} 为随机扰动项，服从正态分布，ε_i、φ_t 分别表示行业和时间固定效应。

2.变量说明

$RM_{J,it}$ 用第3章计算出的资本、劳动、能源、其他中间投入及综合错配系数表示，$TIE_{F,it}$ 用5.2.2节计算的制造业各行业的三类效率值表示，控制变量分别为行业规模、行业外向度、行业绩效、行业资本密集度、行业外资度，在第4章已有定义。回归区间为2008—2020年，包括28个细分行业，未包含废弃资源综合利用业。

5.3.3.2 结果分析

1.技术创新研发阶段效率对资源错配的影响

同5.1.4节检验一致，将双因素固定效应检验结果整理如表5-24至表5-28所示。表5-24的检验结果表明，研发效率对综合资源错配的单因素回归中，影响效应不显著，加入控制变量之后，研发效率的提高可以显著改善综合资源错配，同时，行业资本密集度及行业外资度的提高也有利于改善综合资源错配。研发效率对资本、劳动及其他中间投入配置的改善效应在多因素回归中均显著，对能源要素的影响系数虽然未通过显著性检验，但根据回归系数为负值认为具有一定程度的改善效应。再看控制变量的影响，行业规模的扩大会深化资本、能源及其他中间投入要素的错配；行业外向度的提高会深化资本、劳动、能源及其他中间投入的错配；行业绩效及行业资本密集度的提高未起到改善各要素配置的效应；行业外资度的提高有利于改善资源错配。

表 5-24　技术创新研发阶段效率影响资源错配的回归结果

变量	RM_{CD}		RM_K		RM_L		RM_E		RM_M	
TIE_1	0.008 (0.45)	−0.059*** (−3.68)	−0.118* (−1.88)	−0.382*** (−4.88)	0.282** (2.01)	−1.154*** (−7.61)	0.085 (1.38)	−0.075 (−0.87)	0.036 (−1.08)	−0.299*** (−6.66)
IS	—	0.008*** (17.50)	—	0.018*** (7.78)	—	0.007 (1.57)	—	0.006** (2.44)	—	0.007*** (5.45)
FO	—	−0.025 (−0.37)	—	1.516*** (4.64)	—	8.538*** (13.52)	—	1.092*** (3.05)	—	1.242*** (6.65)
IP	—	0.195 (0.88)	—	1.658 (1.54)	—	4.396** (2.10)	—	1.938 (1.64)	—	0.951 (1.54)
CI	—	−0.111*** (−4.79)	—	0.786*** (6.95)	—	0.16 (0.73)	—	0.418*** (3.37)	—	0.141** (2.17)
FC	—	−0.168** (−2.36)	—	−1.067*** (−3.08)	—	−5.061*** (−7.54)	—	−0.989*** (−2.60)	—	−0.189 (−0.95)

2.技术创新成果转化阶段效率对资源错配的影响

表5-29的检验结果表明，技术创新成果转化阶段效率水平的提高有利于促进劳动、其他中间投入要素及综合资源的优化配置。对资本要素的影响系数为负，但不够显著，对能源要素配置的影响不显著。控制变量的作用效果与上一阶段相比变化不大，行业规模、行业外向度、行业资本密集度及行业外资度的影响方向较稳定，行业绩效的影响变为不显著。

表 5-25　技术创新成果转化阶段效率影响资源错配的回归结果

变量	RM_{CD}		RM_K		RM_L		RM_E		RM_M	
TIE_2	−0.035** (−2.52)	−0.011 (−1.21)	−0.074 (−1.52)	−0.01 (−0.22)	−0.22** (−2.01)	−0.398*** (−4.56)	0.032 (0.68)	0.06 (1.28)	−0.089*** (−3.45)	−0.098*** (−3.83)
IS	—	0.008*** (16.90)	—	0.014*** (6.24)	—	−0.007 (−1.45)	—	0.006** (2.37)	—	0.004*** (2.91)
FO	—	−0.181*** (−3.50)	—	0.489* (1.90)	—	5.518*** (10.92)	—	0.878*** (3.21)	—	0.458*** (3.09)
IP	—	−0.059 (−0.27)	—	0.133 (0.12)	—	−0.957 (−0.45)	—	1.767 (1.55)	—	−0.425 (−0.69)
CI	—	−0.137*** (−6.07)	—	0.627*** (5.59)	—	−0.382* (−1.74)	—	0.397*** (3.34)	—	0.001 (0.02)
FC	—	−0.125* (−1.76)	—	−0.792** (−2.24)	—	−4.22*** (−6.08)	—	−0.937** (−2.50)	—	0.028 (0.14)

3.总技术创新效率对资源错配的影响

表5-26的检验结果表明，在多变量回归中，技术创新效率对资本、劳动、能源及其他中间投入要素的影响系数显著为负，说明技术创新效率的提高会促进生产要素的优化配置，减少生产要素的错配。结合上述不同阶段效率对要素错配的影响，本节的检验结果充分说明了技术创新发展对生产资源优化配置的改善作用。当前技术创新正是企业实现高质量发展的有效动力，通过技术创新优化生产要素配置助力生产率的提高是企业实现高质量发展目标的路径之一。

表 5-26　总技术创新效率影响资源错配的回归结果

变量	RM_{CD}		RM_K		RM_L		RM_E		RM_M	
TIE_C	0.077*** (4.47)	0.010 (0.67)	−0.07 (−1.17)	−0.322*** (−4.26)	0.58*** (4.35)	−0.487*** (−3.16)	0.033 (0.55)	−0.159* (−1.94)	0.011 (0.34)	−0.203*** (−4.59)
IS	—	0.008*** (14.61)	—	0.02*** (7.68)	—	0.003 (0.53)	—	0.008*** (2.94)	—	0.007*** (5.02)
FO	—	−0.207*** (−3.29)	—	1.228*** (4.02)	—	6.554*** (10.51)	—	1.257*** (3.80)	—	0.904*** (5.07)
IP	—	−0.04 (−0.19)	—	0.274 (0.26)	—	0.036 (0.02)	—	1.704 (1.51)	—	−0.149 (−0.24)
CI	—	−0.137*** (−6.03)	—	0.677*** (6.17)	—	−0.242 (−1.08)	—	0.412*** (3.46)	—	0.048 (0.75)
FC	—	−0.118 (−1.64)	—	−1.01*** (−2.89)	—	−4.56*** (−6.4)	—	−1.043*** (−2.76)	—	−0.111 (−0.55)

4.内生性处理

为解决可能因遗漏变量、双向因果关系而产生的内生性问题，采用工具变量法进行两阶段最小二乘估计，以尽量克服内生性影响。首先，以常用的一阶滞后项作为工具变量，认为滞后变量已经发生，从当期看其取值已经固定，可能与当期的扰动项不相关，即以技术创新效率的滞后一阶项作为技术创新效率的工具变量，回归结果见表5-27（a）、表5-28（a）和表5-29（a）。其次，以外商投资和港澳台商投资工业企业数占比作为技术创新效率的工具变量，回归结果见表5-27（b）、表5-28（b）表5-29（b）。由结果可知，不同创新效率对资源错配的改善效应与上文基准回归结果基本一致，譬如，技术创新研发阶段对能源错配的回归系数不显著，技术创新成果转化阶段对劳动与其他中间投入错配的改善效应较一致，总技术创新效率对四类要素错配的回归系数显著为负。且工具变量法回归系数的绝对值比固定效应模型略大，表明内生性问题在一定程度上低估了固定效应模型技术创新效率对资源错配的改善效应，说明可能存在互为因果关系及遗漏变量问题，影响了回归结果的准确性，亦说明内生性检验的必要性。

（1）技术创新研发阶段

表5-27（a） 工具变量法回归结果

变量	RM_{CD}	RM_K	RM_L	RM_E	RM_M
TIE_1	−0.077***	−0.460***	−1.522***	−0.074	−0.397***
	(−3.58)	(−4.93)	(−5.14)	(−1.11)	(−7.72)
IS	0.009***	0.019***	0.011***	0.007***	0.008***
	(18.83)	(6.84)	(3.41)	(3.14)	(8.08)
FO	−0.026	1.768***	9.559***	1.206***	1.492***
	(−0.31)	(4.77)	(8.16)	(4.17)	(6.51)
IP	−0.022	1.776	5.883**	1.654	1.218**
	(−0.07)	(1.17)	(2.53)	(1.14)	(2.36)
CI	−0.118***	0.843***	0.223	0.463***	0.153***
	(−5.33)	(6.00)	(1.44)	(3.18)	(3.04)
FC	−0.158**	−1.216***	−5.169***	−1.146***	−0.257
	(−2.08)	(−3.48)	(−5.92)	(−3.08)	(−1.22)

注：原假设为工具变量不可识别的检验统计量Kleibergen-Paap rk LM 的值为 88.295，对应的 P 值为 0.00，拒绝不可识别原假设。原假设为工具变量为弱工具变量的检验统计量Kleibergen-Paap rk Wald F 的值为 268.791，Stock-Yogo检验10%的临界值为16.38，拒绝弱工具变量假设。内生变量与工具变量相等，不存在过度识别问题。第一阶段的回归结果表明工具变量对内生变量的回归系数为0.813，对应的 P 值为0.000，有较好的解释力，满足工具变量与内生变量的相关性。

表5-27（b） 工具变量法回归结果

变量	RM_{CD}	RM_K	RM_L	RM_E	RM_M
TIE_1	−0.047*	−0.602***	−2.783***	0.277	−0.538***
	(−1.89)	(−3.88)	(−4.00)	(1.61)	(−4.48)
IS	0.008***	0.066***	−0.061***	0.021**	−0.025***
	(3.28)	(5.96)	(−4.02)	(2.01)	(−4.56)
FO	−0.061	2.168***	12.821***	0.169	1.835***
	(−0.58)	(5.09)	(6.51)	(0.33)	(5.63)
IP	−0.171	6.038***	6.512*	1.553	−0.857
	(−0.53)	(3.85)	(1.95)	(1.07)	(−1.28)
CI	−0.100***	0.699***	1.037***	0.226	0.375***
	(−4.25)	(5.06)	(3.57)	(1.52)	(5.23)

变量	RM_{CD}	RM_K	RM_L	RM_E	RM_M
FC	−0.095** (−1.34)	−1.211*** (−3.77)	−6.703*** (−6.00)	−0.648** (−1.97)	−0.366* (−1.86)

　　注：原假设为工具变量不可识别的检验统计量Kleibergen-Paap rk LM的值为19.198，对应的P值为0.00，拒绝不可识别原假设。原假设为工具变量为弱工具变量的检验统计量Kleibergen-Paap rk Wald F的值为47.719，Stock-Yogo检验10%的临界值为16.38，拒绝弱工具变量假设。内生变量与工具变量相等，不存在过度识别问题。第一阶段的回归结果表明工具变量对内生变量的回归系数为3.006，对应的P值为0.000，有较好的解释力，满足工具变量与内生变量的相关性。第二个工具变量的检验中，去掉了烟草制品业的数据，因其外商投资企业数大部分年度为0，下同。

（2）技术创新成果转化阶段

表5-28（a）　工具变量法回归结果

变量	RM_{CD}	RM_K	RM_L	RM_E	RM_M
TIE_2	−0.013 (−1.34)	−0.006 (−0.12)	−0.534*** (−5.03)	0.081* (1.88)	−0.127** (−2.52)
IS	0.008*** (17.92)	0.015*** (5.32)	−0.006* (−1.91)	0.006*** (3.14)	0.004*** (4.79)
FO	−0.232*** (−4.60)	0.528** (2.20)	5.530*** (10.22)	0.994*** (4.88)	0.438** (2.46)
IP	−0.386 (−1.34)	−0.210 (−0.13)	−2.018 (−1.58)	1.547 (1.15)	−0.812* (−1.87)
CI	−0.150*** (−6.91)	0.668*** (5.04)	−0.446*** (−2.59)	0.449*** (3.39)	−0.019 (−0.37)
FC	−0.095 (−1.35)	−0.849** (−2.46)	−3.902*** (−5.27)	−1.095*** (−3.03)	0.072 (0.32)

　　注：原假设为工具变量不可识别的检验统计量Kleibergen-Paap rk LM的值为67.423，对应的P值为0.00，拒绝不可识别原假设。原假设为工具变量为弱工具变量的检验统计量Kleibergen-Paap rk Wald F的值为204.135，Stock-Yogo检验10%的临界值为16.38，拒绝弱工具变量假设。内生变量与工具变量相等，不存在过度识别问题。第一阶段的回归结果表明工具变量对内生变量的回归系数为0.761，对应的P值为0.000，有较好的解释力，满足工具变量与内生变量的相关性。

表5-28（b）　工具变量法回归结果

变量	RM_{CD}	RM_K	RM_L	RM_E	RM_M
TIE_2	−0.051 (−1.22)	−0.658*** (−2.62)	−3.024*** (−2.73)	0.302 (1.44)	−0.588*** (−3.47)
IS	0.010*** (3.45)	0.083*** (6.22)	0.016 (0.51)	0.013 (1.15)	−0.011 (−1.27)

变量	RM_{CD}	RM_K	RM_L	RM_E	RM_M
FO	−0.174*** (−3.31)	0.719*** (2.68)	6.128*** (6.15)	0.835*** (3.85)	0.540*** (2.68)
IP	−0.330 (−1.03)	4.00** (2.43)	−2.90 (−0.64)	2.489* (1.81)	−2.677*** (−2.86)
CI	−0.134*** (−5.40)	0.259* (1.71)	−0.996* (−1.93)	0.428*** (2.98)	−0.019 (−0.20)
FC	−0.055 (−0.80)	−0.701* (−1.68)	−4.35*** (−2.95)	−0.88** (−2.46)	0.089 (0.26)

注：原假设为工具变量不可识别的检验统计量Kleibergen-Paap rk LM 的值为 7.431，对应的 P 值为 0.0064，拒绝不可识别原假设。原假设为工具变量为弱工具变量的检验统计量 Kleibergen-Paap rk Wald F 的值为 12.362，Stock-Yogo 检验 15% 的临界值为 8.96，其真实显著性水平不会超过 15%。内生变量与工具变量相等，不存在过度识别问题。第一阶段的回归结果表明工具变量对内生变量的回归系数为 3.196，对应的 P 值为 0.000，有较好的解释力，满足工具变量与内生变量的相关性。

（3）总技术创新

表5-29（a）　工具变量法回归结果

变量	RM_{CD}	RM_K	RM_L	RM_E	RM_M
TIE_C	0.009 (0.54)	−0.381*** (−5.79)	−0.668*** (−4.44)	−0.191** (−2.39)	−0.264*** (−4.70)
IS	0.008*** (14.29)	0.021*** (7.13)	0.006* (1.96)	0.009*** (4.66)	0.009*** (6.98)
FO	−0.256*** (−4.35)	1.424*** (5.22)	7.024*** (9.66)	1.457*** (4.77)	1.040*** (5.21)
IP	−0.353 (−1.22)	−0.156 (−0.1)	−0.571 (−0.42)	1.355 (0.96)	−0.459 (−1.05)
CI	−0.148*** (−7.02)	0.712*** (5.48)	−0.277* (−1.71)	0.456*** (3.31)	0.033 (0.66)
FC	−0.09 (−1.30)	−1.105*** (−3.27)	−4.403*** (−5.42)	−1.215*** (−3.12)	−0.117 (−0.54)

注：原假设为工具变量不可识别的检验统计量Kleibergen-Paap rk LM 的值为 61.237，对应的 P 值为 0.00，拒绝不可识别原假设。原假设为工具变量为弱工具变量的检验统计量 Kleibergen-Paap rk Wald F 的值为 301.793，Stock-Yogo 检验 10% 的临界值为 16.38，拒绝弱工具变量假设。内生变量与工具变量相等，不存在过度识别问题。第一阶段的回归结果表明工具变量对内生变量的回归系数为 0.847，对应的 P 值为 0.000，有较好的解释力，满足工具变量与内生变量的相关性。

表5-29（b）　工具变量法回归结果

变量	RM_{CD}	RM_K	RM_L	RM_E	RM_M
TIE_C	−0.133 (−1.18)	−1.713*** (−2.57)	−7.913** (−2.44)	−0.787** (−1.96)	−1.530*** (−2.78)
IS	0.011*** (3.60)	0.097*** (6.70)	0.081 (1.34)	0.007 (0.42)	0.002 (0.17)
FO	0.120 (0.44)	4.499*** (2.82)	23.589*** (2.92)	−0.901 (−0.65)	3.917*** (2.94)
IP	−0.287 (−0.87)	4.547*** (2.94)	−0.378 (−0.07)	2.238 (1.47)	−2.190** (−2.09)
CI	−0.10*** (−3.46)	0.705*** (3.81)	1.063 (1.41)	0.223*** (2.93)	0.380*** (2.80)
FC	−0.144 (−1.39)	−1.840*** (−3.21)	−9.612*** (−3.13)	−0.359*** (−3.52)	−0.928* (−1.85)

注：原假设为工具变量不可识别的检验统计量Kleibergen-Paap rk LM的值为6.344，对应的P值为0.011 8，在显著性水平为0.05时，拒绝不可识别原假设。原假设为工具变量为弱工具变量的检验统计量Kleibergen-Paap rk Wald F的值为9.946，Stock-Yogo检验15%的临界值为8.96，其真实显著性水平不会超过15%。内生变量与工具变量相等，不存在过度识别问题。第一阶段的回归结果表明工具变量对内生变量的回归系数为2.684，对应的P值为0.000，有较好的解释力，满足工具变量与内生变量的相关性。

5.总结

由以上回归分析可知，技术创新效率的提高可以显著促进不同要素错配的改善，研发阶段效率的提高可以显著改善资本、劳动、其他中间投入及综合要素的错配，转化阶段效率的提升可以显著改善劳动及其他中间投入的错配；总技术创新效率的提高对四要素均有显著的改善效应。由此可知，技术创新的发展有助于生产要素的优化配置。可将不同阶段效率影响的检验视同稳健性检验，不再找其他变量进行检验。

5.3.4　技术创新改善资源错配的TFP效应检验

上述研究结果表明，技术创新改善资源错配的效应较显著，对不同要素错配表现出不同的改善显著性。由新古典经济增长理论可知，促进全要素生产率提升的主要两种路径分别为技术创新和资源的合理配置。罗伯特·索洛（Robert Solow）早期的研究成果表明，美国长期人均收入的增长中，有80%是技术进步的作用，20%为投资的作用[222]。创新是引领高质量发展的动力源泉，全要素生产率作为衡量经济发展的指标之一，与企业创新行为密不可分。创新能有效改善要素的供给结构，促进高质量的产品供给，形成新的人力资本红利，并推动企业群体的转型升级，形成新的企业家精神，摆脱低级的循环竞争模式，进而在宏观上促进全要素生产率的提升[223]。技术创新可以提高企业的质量能力，而质量能力对于企业全要素生产率提升具有很强的直接效应[224]。财政科技支出通过促进全要素生产率增长推动高质量发展[225]。科技创新能够显著提升制造业全要素生产率，且具有显著的区域异质性，技术创新会通过空间溢出效应提升临近地区的全要素生产率[226]。企业加大创新力度可以带来更高的全要素生产率，且规模越大的企业效应越强[227]。当企业获得了专利权保护，会通过技术创新提升全要素生产率[228]。企业创新资本投入的增加也会促进全要素生产率提升[229]。以上研究表明技术创新对提升全要素生产率的促进效应较显著且被很多研究验证，结合上文技术创新对资源错配的改善效应，本节将在验证技术创新提升全要素生产率的基础上，进一步检验技术创新通过改善资源错配进而提升全要素生产率的效应。

同第5.2.4节的检验类似，构建如下中介效应检验模型：

$$TFP_{it} = \rho_0 + \rho_1 TIE_{F,it} + \rho_2 X_{it} + \varepsilon_i + \varphi_t + e_{it} \quad (F = 1, 2, C) \tag{5-23}$$

$$RM_{J,it} = \rho_{J3} + \rho_{J4} TIE_{F,it} + \rho_{J5} X_{it} + \varepsilon_i + \varphi_t + e_{it} \tag{5-24}$$

$$TFP_{i,t} = \rho_6 + \rho_7 TIE_{F,it} + \sum_J \rho_{J8} RM_{J,it} + \varepsilon_i + \varphi_t + e_{i,t} \tag{5-25}$$

（根据技术创新效率不同阶段对不同要素错配的改善效应，当 $F=1$ 时，$J=K, L, M$；当 $F=2$ 时，$J=L, M$；当 $F=C$ 时，$J=K, L, E, M$。）

符号含义与前文一致。中介效应检验逻辑为：以检验研发阶段技术创新效率（TIE_1）为例，首先检验 ρ_1 是否显著，其次检验系数 ρ_{J4}，若显著进一步检验 ρ_7，若 ρ_7 显著为部分中介，若 ρ_7 不显著则为完全中介。

5.3.4.1 基准回归结果及检验

先对基准回归式（5-23）进行参数估计，依据前文类似的回归方式，选择时间、行业双因素固定效应回归模型，并选择技术创新效率的滞后一阶及外商投资和港澳台商投资工业企业数占比作为技术创新效率的工具变量进行内生性检验。因为分别以不同阶段及总技术创新效率为核心解释变量，三者均可表征技术创新水平，固可视为彼此的稳健性检验。将回归结果整理如表5-30所示，列（1）～（3）为研发阶段技术创新效率影响全要素生产率的基准回归结果及工具变量检验结果，列（4）～（6）对应为转化阶段技术创新效率的结果，列（7）～（9）对应为总技术创新效率的结果。由回归结果可知，研发阶段、转化阶段及总的技术创新效率水平的提高均可促进全要素生产率的提高，在尽可能解决内生性问题后，仍具有较显著的正向促进作用，该结果为接下来的中介效应机制检验奠定了基础。

表5-30 基准回归及检验结果

	(1)	(2)	(3)	(4)	(5)	(6)	(7)	(8)	(9)
	TFP	*TFP*	*TFP*	*TFP*	*TFP*	*TFP*	*TFP*	*TFP*	*TFP*
TIE_1	0.011 9** (2.59)	0.027 8*** (3.36)	0.065* (1.86)	—	—	—	—	—	—
TIE_2	—	—	—	0.058** (2.58)	0.017* (1.76)	0.015 7 (1.60)	—	—	—
TIE_C	—	—	—	—	—	—	0.010* (1.77)	0.015** (2.11)	0.034* (1.75)
IS	0.000 2 (1.15)	0.000 5 (0.84)	0.010 2 (0.66)	0.000 3 (1.13)	0.011*** (7.48)	0.001*** (6.21)	0.000 5 (0.95)	0.013*** (7.67)	0.016** (2.18)
FO	0.122 2 (0.86)	0.988 5*** (2.84)	1.063 2 (0.83)	0.115 3 (0.93)	0.241 1 (0.87)	0.328 7 (1.31)	0.119 (0.84)	0.610** (2.10)	1.076 (0.98)
IP	0.923 5*** (4.71)	0.477 (0.48)	−1.042 7 (−0.38)	−0.971 3*** (−4.57)	−1.712* (−1.76)	−1.478 (−1.49)	−0.939*** (−4.47)	−1.652* (−1.78)	−1.031 (−1.12)
CI	−0.003 2 (−0.16)	−0.070 6 (−0.67)	0.127 1** (2.50)	−0.001 4 (−0.07)	−0.178* (−1.72)	0.170* (1.70)	0.025 (0.13)	−0.157 (−1.57)	−0.09 (−0.77)
FC	0.185 2* (1.95)	0.464 (1.42)	0.067 (1.00)	0.020 4** (2.13)	0.068 7** (2.07)	0.544* (1.72)	0.188** (2.01)	0.580* (1.74)	0.310** (2.22)
_cons	1.101 4*** (40.98)	1.027 6*** (7.72)	0.148 5 (0.80)	1.106 9*** (34.57)	1.078*** (6.42)	1.195*** (4.28)	1.103*** (36.84)	1.105*** (8.13)	1.095*** (6.59)
—	—	第一阶段		—	第一阶段		—	第一阶段	
TIE_F的滞后一阶		0.813*** [0.000]	—	—	0.761*** [0.000]	—	—	0.847*** [0.000]	—
外商投资和港澳台商投资工业企业数占比		—	3.006*** [0.000]	—	—	3.196*** [0.000]	—	—	2.684*** [0.000]
Kleibergen−Paap rk LM检验	88.259 [0.00]	201.185 [0.00]	—	67.423 [0.00]	11.607 [0.00]	—	61.237 [0.00]	5.848 [0.016]	
Kleibergen−Paap rk Wald F 检验	268.791 {16.38}	113.237 {16.38}	—	204.135 {16.38}	19.825 {16.38}	—	301.793 {16.38}	20.621 {16.38}	

注：引入工具变量用两阶段最小二乘法估计。Kleibergen−Paap rk LM的原假设是工具变量识别不足，[ ]中是P值。Kleibergen−Paap rk Wald F的原假设是工具变量为弱工具变量，{ }中是Stock−Yogo检验10%的水平临界值。

5.3.4.2 机制检验

前文实证及检验结果表明技术创新能够提升全要素生产率水平，接下来检验式（5-24）及式（5-25），即检验技术创新能否通过显著改善不同要素错配提高全要素生产率水平。对式（5-24）的检验已在5.3.3.2节中进行，得出的结论为研发阶段效率的提高可以显著改善资本、劳动、其他中间投入的错配，转化阶段效率的提升可以显著改善劳动及其他中间投入的错配，总技术创新效率的提高对四要素均有显著的改善效应。现对式（5-25）进行回归，列（1）为研发阶段效率的回归结果，列（2）为转化阶段效率的回归结果，列（3）为总技术创新效率的回归结果，结合前文结果与表5-31的结果可知，在纳入中介变量不同要素错配之后，各技术创新效率对全要素生产率的影响仍然显著为正，说明技术创新可以通过矫正不同类型要素错配提升全要素生产率。

表5-31 不同要素错配的中介效应检验结果

	（1）	（2）	（3）
	TFP	*TFP*	*TFP*
TIE_1	0.009** (2.41)	—	—
TIE_2	—	0.005 8** (2.54)	—
TIE_C	—	—	0.009* (1.77)
RM_K	−0.012 2* (−1.81)	—	−0.018 9 (−1.28)
RM_L	−0.007 2 (−0.40)	−0.007 (−1.39)	−0.007* (−1.78)
RM_E	—	—	0.019 (1.04)
RM_M	0.019 (0.76)	−0.021 3** (−1.82)	−0.008** (−2.11)
IS	−0.004 7 (−0.90)	0.006 (0.96)	0.000 4 (1.22)
FO	−0.090* (−1.80)	−0.100 1 (−0.99)	0.097 (0.82)
IP	−0.081 3*** (−4.07)	−0.092*** (−4.57)	−0.088*** (−4.02)

	（1）	（2）	（3）
	TFP	*TFP*	*TFP*
CI	0.004 （0.98）	−0.006 （−0.30）	0.005 （0.28）
FC	0.019 4** （2.42）	0.222** （2.56）	0.219** （2.37）
_cons	1.099*** （37.48）	1.106 9*** （26.34）	1.105 9*** （33.22）

5.4　本章小结

通过第3章资源错配程度的测算，我们了解了制造业不同行业不同要素的错配程度，并通过第4章资源错配与全要素生产率之间的理论关系模型，检验及测算了资源错配对全要素生产率的抑制效应，本章则探索资源错配的改善路径，即第3章、第4章解决了"是什么""会如何"的问题，本章从"怎么办"视角寻找改善资源错配的路径，抓住当前制造业智造转型发展趋势，从数字经济发展与技术创新两方面检验了两者对资源错配的改善效应，并为第6章的"应该如何"提供理论与经验依据。

根据《数字经济及其核心产业统计分类（2021）》及《国民经济行业分类》（GB/T 4754—2017）标准，本章测算了制造业两位数行业的数字经济增加值规模，包括数字产业化增加值和产业数字化增加值，各行业表现出不同的数字经济发展规模，整体增速较快。以往研究多从宏观视角测度数字经济增加值规模或构建指标体系计算数字经济综合发展指数，本章则从制造业两位数细分行业视角测算了中观层面的数字经济增加值规模，并拓展及丰富了已有测算方法。根据技术创新过程的两阶段（技术研发阶段和技术转化阶段）测算了阶段性技术创新效率和总效率，从创新的不同阶段过程细分化对资源配置的影响。

从整体看，数字经济发展与技术创新均对不同要素错配表现出显著的改善效应，并可以以改善资源错配为路径进一步提升全要素生产率。黄群慧等[230]验证了城市层面互联网发展可以降低交易成本，减少资源错配，从而提高制造业生产率。荆文君和孙宝文[231]认为，数字经济发展加速了数据的流动，促进了生产者与消费者、生产者之间的信息互通，促进了信息或数据的边际产出，同时促使其他生产要素也产生类似效应，改变了增长函数的形式，增进了生产要素配置。丛屹和俞伯阳[157]从省际层面数据的研究结果表明数字经济发展会通过就业灵活性、岗位多样性及劳动力信息获取能力的提升，促进劳动要素配置效率提升。已有研究多从省级及城市层面验证数字经济发展改善资源配置的效应[116-122]，本书在测算行业数字经济增加值的基础上检验了数字经济发展对不同要素错配的改善效应及其进一步引致的全要素生产率提升效应。技术创新是经济发展效率变革及增长动能转化的关键，具有从新的产品或工艺创意到真正商业化的过程，且研发阶段的成果不一定能很好地转化成最终的经济效益，本书从技术创新研发阶段及技术创新成果转化阶段分别测度各行业不同阶段的创新水平，有利于观察不同行业所处的创新优势阶段，且观察不同阶段创新水平对不同资源配置的差异性改善效果，进一步验证了技术创新可以通过改善不同要素的错配（尤其是劳动与其他中间投入）进一步改善全要素生产率。本章研究结果在验证数字经济发展与技术创新显著改善资源错配之外，也为制造业的数字化与智能化发展提供了经验依据，为相关政策的实施从改善资源错配视角给予了支持。

6 研究结论与政策启示

本书围绕"资源错配"这一主题，对制造业的资源错配水平、资源错配对全要素生产率的影响以及数字经济发展与技术创新对资源错配的改善效应进行了重点分析与探讨，为了解中国制造业资源错配水平及趋势、资源错配对经济社会发展的影响及如何改进资源错配提供了理论分析与经验支持。

6.1 主要研究结论

本书首先通过文献梳理，对资源错配的理论溯源，对资源错配的概念进行归纳，总结资源错配的成因及其经济影响，比较不同资源错配测算方法，整理已有资源错配改进研究。其次，在竞争均衡视角下，构建了测算资本、劳动、能源及其他中间投入错配系数的理论模型，根据不同行业分类标准整理出统一口径的制造业两位数行业，根据行业面板数据展开错配水平测算及分析。再次，构建了资源错配影响全要素生产率的边际效应模型，并在增长核算框架下分解加总全要素生产率的变化，分解出不同要素配置影响全要素生产率的损失，从边际和总量角度分析了资源错配的全要素生产率效应。最后，根据制造业发展热点趋势，检验了数字经济发展与技术创新对资源错配的改善效应。针对研究的主要问题，本书得到以下主要结论。

一是从整体看，资本、劳动、能源及其他中间投入的错配没有显著的改善趋势，近五年资源错配程度从高到低依次表现为劳动、资本、能源及其他中间投入，不同要素的错配程度及错配方向在行业间差异显著。

拓展 Aoki[4]、陈永伟和胡伟民[76]的研究，本书测算了制造业两位数行业的资本、劳动、能源及其他中间投入的错配水平，对不同行业不同要素的错配程度及波动进行了描述及比较分析。结果表明2016—2020年，资本要素在石油、煤碳及其他燃料加工业，医药制造业，烟草制品业的配置过度较显著；在皮革、毛皮、羽毛及其制品和制鞋业，纺织业，纺织服装、服饰业的配置不足较为显著。劳动要素在纺织服装、服饰业，文教体育用品制造业，计算机、通信和其他电子设备制造业的配置过度较为显著；在烟草制品业，有色金属冶炼和压延加工业，黑色金属冶炼和压延加工业的配置不足较显著。能源要素在非金属矿物制品业，黑色金属冶炼和压延加工业中的配置过度较显著。因能源要素消耗的特殊性，个别行业消耗水平与大部分行业量级上的差异，整体提高了能源要素的平均消耗水平，导致大部分行业表现为配置不足，能源消耗的负面环境影响需要提高对其使用效率，在同等产出水平下，各行业投入使用越少越好。其他中间投入消耗在行业间的错配程度相较于其他三个要素最低，文教体育用品制造业，皮革、毛皮、羽毛及其制品和制鞋业，橡胶和塑料制品业的配置过度较显著，黑色金属冶炼和压延加工业，化学纤维制造业，烟草制品业的配置不足较显著。综合所有要素的配置来看，石油、煤炭及其他燃料加工业，橡胶和塑料制品业表现为较明显的配置过度，纺织服装、服饰业，烟草制品业表现为较明显的配置不足。通过不同要素错配系数离散程度的计算可知，整体的错配程度由高到低依次表现为劳动、资本、能源及其他中间投入。资源错配是常态，但了解不同行业不同要素的错配程度及方向有利于提出针对性的解决方案。与此同时，要结合行业发展特色，如技术及资本密集型行业，其资本配置会相对偏高，劳动密集型行业的劳动配置会相对偏高，高耗能行业的能源配置会相对偏高，适度调整不同行业的要素错配问题，以符合不同类型的行业发展需要，并控制好合理配置程度，以免影响社会公平与效率。

二是资源错配显著抑制了全要素生产率的提高，表现出边际负效应递减规律，行业创新、资本密集度、外向度及规模的提高可以弱化资源错配的边际抑制作用。2000—2020年间，资源错配使全要素生产率平均损失了24.20%，其中，资本、劳动、能源及其他中间投入的损失效应分别为6.74%、7.78%、5.93%、3.75%，劳动错配的抑制效应相对最大。通过分析较多主要生产要素投入，相对全面地刻画了主要生产要素的效率损失效应，以免低估通过改善资源配置引致的效率提升空间。

拓展Hsieh和Klenow[3]、戴魁早和刘友金[137]、吕承超和王志阁[138]的理论模型，本书通过广义矩估计方法检验了资源错配对全要素生产率的边际影响并认为边际抑制效应显著。从全要素生产率变化的分解项大小来看，要提高制造业的全要素生产率，需要促进各子行业全要素生产率的提高，这有赖于各行业借助技术创新、制度创新、优化配置等措施实现微观个体的效率改善。需要优化产业结构，使各行业的生产供给与市场真实需求相匹配，防止产能过剩或供给不足。需要提高生产要素的配置效率，减少行业间的资源错配。结合第2.4.1节资源错配的全要素生产率损失可知，错配的效率损失在不同研究中差异显著，改善不同要素的错配可以不同程度地促进全要素生产率的提高，在转变经济增长动能的关键时期，本书结论现实意义显著。

　　三是制造业整体数字经济发展增速较快，产业数字化规模大于数字产业化规模；各行业的数字技术应用差异显著，表现出明显的行业数字经济发展差异。数字经济发展有利于改善资源错配，对不同要素表现出差异化的改善效应，并能借此进一步促进 TFP 的提高。

　　本书通过数字产业化与产业数字化两个角度测算了制造业两位数行业的数字经济增加值规模，并以此作为制造业两位数行业数字经济发展水平的度量。制造业总体数字经济增加值规模由 2012 年的 40 899.30 亿元增加到 2020 年的 80 777.22 亿元，年均增长率为 8.88%，占制造业增加值的比重由 2012 年的 24.09% 增加到 2020 年的 30.32%，发展速度较快，各细分行业间的数字经济发展规模具有显著差异，与行业整体发展规模密切相关，增加值总量规模较大的行业其数字经济增加值规模也较大，反之亦然。通过构建面板回归模型检验了数字经济发展对各要素错配及综合要素错配的影响，结果表明，数字经济发展对综合要素错配具有显著的改善效应，对劳动和其他中间投入错配的改善效应较显著，并能以此为介促进 TFP 的提高。各行业应紧随制造业发展趋势，加快数字化进程，增进数字技术与行业的融合发展，同时，该结果从优化要素配置视角为加强数字经济发展提供了经验支持。

　　四是制造业的技术创新水平呈现提高趋势，不同行业表现出显著差异化的技术创新水平；且不同行业技术研发阶段的高创新效率不一定能有效助力下一阶段的成果转化。不同阶段的技术创新及总技术创新水平对不同要素错配表现出显著的改善效应，并能通过改善资源错配进一步促进 TFP 的提高。

　　本书根据技术创新的研发阶段与成果转化阶段测算了制造业两位数行业的分阶段技术创新效率及总技术创新效率，并根据要素密集度进行了分类分析，有助于降低截面维度，简化分析。从细分行业看，随着科研投入的提高，各行业的技术创新效率基本表现出在波动中提高的趋势，整体创新水平有所提高，且技术转化阶段的效率普遍高于技术研发阶段的效率。部分行业在研发阶段的效率水平相对较高，但在成果转化方面的效率并不理想，类似这种类型的行业在研发投入产出已比较有效的基础上，需要提高成果转化的实质性价值，避免高起点低落点。以技术创新效率为核心解释变量对资源错配的面板回归模型结果表明，不同技术创新效率水平的提高对不同要素的错配改善效应略有差异，研发阶段效率的提高可以显著改善资本、劳动、其他中间投入及综合要素的错配，成果转化阶段效率的提高可以显著改善劳动及其他中间投入的错配；总技术创新效率的提高对四要素错配均有显著的改善效应，且三种技术创新效率分别能以其改善的不同要素错配为介提高 TFP。

6.2 政策启示

资源错配是市场失灵及政府失灵相互作用的结果，完全竞争的市场假设条件太过严苛，现实的经济生产活动很难实现，帕累托最优仅仅是理想状态，政府的干预调节由于受利益分配、竞争发展、考核机制等因素的影响，也会出现无效配置，所以错配是常态，对经济的多方面产生了负面影响，要尽量降低资源错配的程度，释放配置效率对经济效率的改善效应。根据本书研究结论，提出如下政策建议。

一是进一步推动有效市场和有为政府更好结合，从根源上施策发力，深化要素配置改革。当前制造业各行业要素配置的错配状态表明，不同行业存在不同要素不同程度的帕累托改进空间，且我国正处于经济发展转型攻坚期，对内要优化经济结构、转换增长动力、转变发展方式，对外面临复杂多变的国际环境及技术封锁等挑战，发挥好市场及政府在资源配置方面的作用有利于提高经济发展效率，增加经济增长新动力。充分发挥市场在资源配置中的决定性作用，进一步完善有效市场，尊重经济运行规律，加强市场主体间的充分竞争，实现优胜劣汰，出清落后产能，节约社会资源，促进资源在高效率部门间的自由流动，并通过全国统一的市场化制度建设，不断提高资源配置效率，使资源错配程度降到最低。市场的作用不是全部，政府需要在尊重市场规律的基础上，用政策引导市场更有效，强化有为政府，如规划明确的投资方向、借助法治手段规范市场行为、政策引导市场预期等，完善宏观经济治理体制，最大限度弥补市场失灵引起的资源错配。从已有研究可知，资源错配成因中包括无效的行政干预，所以政府的调控也更需严谨和高效。从不同要素错配程度看，需要更多关注劳动、资本的优化配置，其次是能源及其他中间投入的优化。劳动作为最活跃的生产要素，其流动能带动资本、土地等生产要素的运转，技术、数字等要素的产生，所以优化劳动要素的配置是要素市场化改革的关键，可以通过进一步改善户籍制度及与其相匹配的福利制度、畅通劳动力社会流通渠道、优化技术技能评价制度、加大人才引进力度等措施引导劳动力的自由与高效流动，充分发挥劳动要素的高效率及其连带正外部效应。人才是第一资源，加强人力资本建设，加快培养大批德才兼备的高素质人才，大力开发人口质量红利，促进人力资本与制造业转型升级需求的动态匹配。

二是进一步推进要素价格的市场化改革，健全主要由市场决定价格的机制，降低要素价格扭曲程度，促进生产要素的合理定价及配置公平。构建平等交换、竞争有序的市场环境，保障供求双方的合法权益；同要素价格差异显著是影响公平配置的关键，且价格偏高易导致配置不足，价格偏低易导致配置过度。对于劳动要素，要不断完善不同类型劳动主体的工资报酬制度，并优化工资调整机制，保障与劳动者相匹配的利益。对于资本要素，进一步推进利率市场化，推进存贷款基准利率与市场利率并轨，降低融资成本的差异化水平，通过2016—2020年制造业各行业资本要素错配系数平均标准差的计算可知，配置过度的离散程度大于配置不足的离散程度，说明低价格变动幅度大于高价格变动幅度，低价格区间的差异化定价更显著，不公平程度更大。对于能源要素的使用重在提高使用效率，其价格一般由政府限价，对刚性使用需求影响不显著，但可以适度通过价格成本的提高倒逼企业提高能源使用效率及积极寻找可替代的清洁能源，加快绿色化生产过程。我国建立了能源消费强度和总量双控制度，坚持能效优先与保障合理使用相结合，同时在"双碳"目标下，对提效减排的要求已更严格。不同行业的中间投入消耗不同，稳定住原材料的价格可以控制产品成本，避免物价增幅太大影响需求。推进技术要素、数据要素等新型生产要素的交易平台建设与价格合理形成，同时促进与传统要素的融合发展，提高不同要素的使用效率。最大限度地发挥市场决定价格机制，减少价格形成的不正当干预，避免由价格差异过大引致的配置不足或过度带来的效率损失。加强及规范市场监管行为，严惩恶性竞争对市场的干扰，规范要素定价政策，避免垄断价格扭曲要素市场价格，充分利用大数据技术指导要素定价中的信息不对称与不完全。

三是进一步推进数字经济发展，充分释放数字技术融合与渗透的利好作用，提升数字经济发展的资源配置效率。数字经济是新兴产业，要充分发挥其对传统产业的显著促进作用，通过先进信息技术基础，重构生产要素与供需模式，推动结构升级与模式转变，缓解资源错配；推进有效克服信息不对称下的资源配置不均衡，营造公开透明的市场环境，降低交易摩擦和成本，促进资源有序流动；增进数据要素与传统要素的融合，提升要素质量和效率，同时加强对高污染、高耗能要素的管理与替代，提升资源配置的综合效应。近年来数字经济发展速度快、辐射范围广、影响程度深，对国民经济发展的"稳定器""加速器"作用显著，数字经济总量规模增速高于GDP增速，但行业间发展差异显著，从制造业内部来看，制造业的部分行业属于数字经济核心产业分类；从已有规模测算来看，除了计算机、通信和其他电子设备制造业，其他行业的数字产业化规模较小，还需大力促进数字产品制造业发展。依托信息技术创新驱动，催生新产业、新业态、新模式，利用新动能推动新发展模式，加快发展新一代信息技术制造业，开发智能器件等软硬件产品。当前产业数字化经济发展规模增速较快，但行业间同样差异显著，各行业对数字技术的融合和应用差距较大，各行业要加快对互联网、人工智能、大数据、物联网等新技术的应用，构建广泛互联的信息基础设施，加速传统基础设施的数字化建设与改造，跟住经济发展的潮流趋向，结合自身发展特色，深化对新兴技术的应用，并淘汰落后低效的生产方式，持续加快产业数字化发展进程，尤其是传统产业，要抓住机遇全方位、全链条转型升级。企业要把握住数字变革的发展机遇，积极实现数字化战略转型，推进管理运营提升，实现效率变革与价值增长目标。数字经济发展对新技术的应用在一定程度上表现为资本对劳动要素的替代，用更高效率的生产要素替代低效率的生产要素，有利于优化要素配置结构、释放更高的生产效率及要素市场的转型升级。

四是提升技术创新能力，加强创新驱动发展。制造业是创新驱动经济高质量发展的主力军，创新是引领发展的第一动力。我国技术创新投入有待进一步提高，但要注重对产出的效率评估，不能盲目加大投资，要有对应的评估策略，以检测技术创新研发经费的合理使用及产出效率。当前，制造业发展竞争力由成本优势转向效率优势，劳动、资本、土地等生产要素成本的增加，弱化了以往的成本优势，且环境容量压力加大，人口增长放缓、红利下降，投资收益下降，"创新驱动"发展成为必然选择，需要依靠技术进步、人力资本提高及管理创新驱动，优化生产要素的高效配置，通过技术创新渗透性改变要素比例与种类，提高全要素生产率和效益，不断增强制造业的创新力和竞争力。要不断强化创新主体之间的协同合作，如加强产学研融合，构建长期稳定的合作体系。加强对传统产业的技术改造，在绿色发展及劳动配置不足的情况下，深化自动化生产及绿色技术应用。提升不同阶段的创新效率，提高研发阶段成果的实际价值转化，促进成果转化及总体创新效率水平改进。在关键技术领域，构建充满活力的一流科研组织人才和科技评价支撑体系，强化优质资源的配置，淘汰或重组传统落后要素，集中力量突破"卡脖子"难题。

五是提升对外开放的深度与广度，发挥经济开放对优化资源配置的积极作用。由研究结果可知，行业外资度对不同要素错配的改善效应均较显著，外商资本的引进规模在开放经济下发挥了对资源配置的改善效应。《中华人民共和国第十四个五年规划和2035年远景目标纲要》指出："坚持实施更大范围、更宽领域、更深层次对外开放，依托我国超大规模市场优势，促进国际合作，实现互利共赢，推动共建'一带一路'行稳致远，推动构建人类命运共同体。"在经济全球化背景下，世界市场促使各生产要素跨境流动频繁，有助于缓解我国稀缺性资源问题，尤其促进对技术要素的引进与学习，通过消化、吸收、再创新挖掘发展的后发优势。借助外商资本的溢出效应，发展技术密集型行业及高新技术产业，推进劳动密集型行业及低技术行业的转型升级。进一步深化高水平的对外开放，更好地利用国际国内两个市场，营造良好的外部环境，加强与发达国家及新兴经济体之间的交流与合作，尤其是开展智能制造技术、标准、人才等合作，在"引进来"的同时加强"走出去"，扩大产品出口，化解配置过度引致的过剩产能。进一步提升贸易便利程度，缩减外商投资准入负面清单。未来要不断拓宽对外开放的领域和深度，构建更高水平、更高质量的开放型经济，以开放促进改革的全面深化，为市场化经济体制进一步改革营造良好的外部环境。

参考文献

[1] 高培勇，杜创，刘霞辉，等.高质量发展背景下的现代化经济体系建设：一个逻辑框架[J].经济研究，2019，54（4）：4-17.

[2] 杨新铭，刘洪愧.要素资源错配、供给效率与全国统一大市场建设[J].求是学刊，2022，49（6）：40-50.

[3] HSIEH C T, KLENOW P J. Misallocation and manufacturing TFP in China and India[J]. Quarterly Journal of Economics, 2009, 124（4）: 1403-1448.

[4] AOKI S. A simple accounting framework for the effect of resource misallocation on aggregate productivity[J]. Journal of the Japanese and International Economies, 2012, 26（4）: 473-494.

[5] CHEN W, CHEN X, HSIEH C T, et al. A forensic examination of China's national accounts[R]. National Bureau of Economic Research, 2019.

[6] 钟契夫.资源配置方式研究：历史的考察和理论的探索[M].北京：中国物价出版社，2000.

[7] 高鸿业.西方经济学[M].北京：中国人民大学出版社，2014.

[8] BANERJEE A V, MOLL B. Why dose misallocation persist?[J].American Economic Journal: Macroeconomics, 2010, 2（1）: 189-206.

[9] RANASINGHE A. Impact of policy distortions on firm-level innovation, productivity dynamics and TFP[J]. Journal of Economic Dynamics and control, 2014, 46: 114-129.

[10] TARHAN V. General characteristics of developing country capital markets and asymmetry related allocation problems[J]. The Journal of Economic Asymmetries, 2005, 2（1）: 59-80.

[11] FAIG M, GAGNON G. Scarce collateral and bank reserves[J]. Journal of Macroeconomics, 2008, 30（4）: 1723-1737.

[12] 张佩.中国的资源错配与全要素生产率[D].北京：清华大学，2014.

[13] JO I H, SENGA T. Aggregate consequences of credit subsidy policies: firm dynamics and misallocation[J]. Review of Economic Dynamics, 2019, 32: 68-93.

[14] BUERA F J, KABOSKI J P, SHIN Y. Finance and development: a tale of two sectors[J]. American Economic Review, 2011, 101（5）: 1964-2002.

[15] SANDLERIS G，WRIGHT M L J. The costs of financial crises：resource misallocation, productivity, and welfare in the 2001 argentine crisis[J]. The Scandinavian Journal of Economics, 2014, 116（1）：87-127.

[16] PRATAP S，URRUTIA C. Financial frictions and total factor productivity：accounting for the real effects of financial crises[J]. Review of Economic Dynamics, 2012, 15（3）：336-358.

[17] OBERFIELD E. Productivity and misallocation during a crisis：evidence from the Chilean crisis of 1982[J]. Review of Economic Dynamics, 2013, 16（1）：100-119.

[18] MOLL B. Productivity losses from financial frictions：can self-financing undo capital misallocation?[J]. American Economic Review, 2014, 104（10）：3186-3221.

[19] MIDRIGAN V，XU D Y. Finance and misallocation：evidence from plant-level data[J]. American Economic Review, 2014, 104（2）：422-458.

[20] WU G L. Capital misallocation in China：financial frictions or policy distortions?[J]. Journal of Development Economics, 2018, 130：203-223.

[21] WHITED T M，ZHAO J. The misallocation of finance[J]. The Journal of Finance, 2021, 76（5）：2359-2407.

[22] WILSON J D. Theories of tax competition[J]. National Tax Journal, 1999, 52（2）：269-304.

[23] HAN S，LEACH J. A bargaining model of tax competition[J]. Journal of Public Economics, 2008, 92（5-6）：1122-1141.

[24] GUO J T，IZUMI Y，TSAI Y C. Resource misallocation and aggregate productivity under progressive taxation[J]. Journal of Macroeconomics, 2019, 60：123-137.

[25] 陈芳敏. 增值税有效税率差异的资源误置效应研究[D].杭州：浙江财经大学，2019.

[26] 周雁南，雷根强.税收分成对区域资源配置效率的影响[J].税务研究，2020（8）：113-119.

[27] 李齐云，周雪.税收分权、资源错配与全要素生产率[J].安徽大学学报（哲学社会科学版），2022，46（2）：112-123.

[28] 李香菊，高锡鹏.税制结构竞争优势与全要素生产率：影响机制与比较分析[J].经济学家，2022（8）：65-76.

[29] 聂辉华，贾瑞雪.中国制造业企业生产率与资源误置[J].世界经济，2011（7）：

27-42.

[30] LI O Z, SU X, YANG Z. State control, access to capital and firm performance[J]. China Journal of Accounting Research, 2012, 5(2): 101-125.

[31] 靳来群, 林金忠, 丁诗诗. 行政垄断对所有制差异所致资源错配的影响[J]. 中国工业经济, 2015(4): 31-43.

[32] 陈诗一, 陈登科. 中国资源配置效率动态演化: 纳入能源要素的新视角[J]. 中国社会科学, 2017, 256(4): 67-83, 206-207.

[33] 张天华, 张少华. 偏向性政策、资源配置与国有企业效率[J]. 经济研究, 2016, 51(2): 126-139.

[34] DAI X, CHENG L. Aggregate productivity losses from factor misallocation across Chinese manufacturing firms[J]. Economic Systems, 2019, 43(1): 30-41.

[35] 王文, 牛泽东. 资源错配对中国工业全要素生产率的多维影响研究[J]. 数量经济技术经济研究, 2019(3): 20-37.

[36] 李青原, 章尹赛楠. 金融开放与资源配置效率: 来自外资银行进入中国的证据[J]. 中国工业经济, 2021(5): 95-113.

[37] ROBINSON J A, TORVIK R, VERDIER T. Political foundations of the resource curse[J]. Journal of Development Economics, 2006, 79(2): 447-468.

[38] GARCIA-SANTANA M, PIJOAN-MAS J. The reservation laws in India and the misallocation of production factors[J]. Journal of Monetary Economics, 2014, 66: 193-209.

[39] 韩剑, 郑秋玲. 政府干预如何导致地区资源错配: 基于行业内和行业间错配的分解[J]. 中国工业经济, 2014(11): 69-81.

[40] 雷达, 张胜满. 超越要素价格扭曲的新"外向型"发展战略: 基于二元边际分析与产品内分工双重视角的实证研究[J]. 经济理论与经济管理, 2015(7): 24-35.

[41] 刘阳阳. 政策扶持、资源错配与产能过剩[D]. 北京: 清华大学, 2016.

[42] 宋马林, 金培振. 地方保护、资源错配与环境福利绩效[J]. 经济研究, 2016(12): 47-61.

[43] WANG S, ZHAO D, CHEN H. Government corruption, resource misallocation, and ecological efficiency[J]. Energy Economics, 2020, 85: 104573.

[44] HAO Y, GAI Z, WU H. How do resource misallocation and government corruption

affect green total factor energy efficiency? Evidence from China[J]. Energy Policy, 2020, 143: 111562.

[45] TOMMASI M. On high inflation and the allocation of resources[J]. Journal of Monetary Economics, 1999, 44（3）: 401-421.

[46] DANIEL K, HIRSHLEIFER D, TEOH S H. Investor psychology in capital markets: evidence and policy implications[J]. Journal of monetary economics, 2002, 49（1）: 139-209.

[47] WHALLEY J, ZHANG S. A numerical simulation analysis of（Hukou）labour mobility restrictions in China[J]. Journal of Development Economics, 2007, 83（2）: 392-410.

[48] 周黎安. 中国地方官员的晋升锦标赛模式研究 [J]. 经济研究, 2007（7）: 36-50.

[49] BARSEGHYAN L, DICECIO R. Entry costs, industry structure, and cross-country income and TFP differences[J]. Journal of Economic Theory, 2011, 146（5）: 1828-1851.

[50] 王颂吉, 白永秀. 城乡要素错配与中国二元经济结构转化滞后: 理论与实证研究 [J]. 中国工业经济, 2013（7）: 31-43.

[51] ASTURIAS J, SANTANA M G, RAMOS R. Misallocation, internal trade, and the role of transportation infrastructure[M]. CEMFI（Centro de Estudios Monetariosy Financieros）, 2014.

[52] TOMBE T, WINTER J. Environmental policy and misallocation: the productivity effect of intensity standards[J]. Journal of Environmental Economics and Management, 2015, 72: 137-163.

[53] 江艇, 孙鲲鹏, 聂辉华. 城市级别、全要素生产率和资源错配[J]. 管理世界, 2018（3）: 38-52.

[54] 张军涛, 黎晓峰. 中国的城镇化与资源配置效率: 基于生产率分布视角的分析[J]. 经济问题探讨, 2019（5）: 1-12.

[55] DA-ROCHA J M, RESTUCCIA D, TAVARES M M. Firing costs, misallocation, and aggregate productivity[J]. Journal of Economic Dynamics and Control, 2019, 98: 60-81.

[56] WU Y, HEERINK N, YU L. Real estate boom and resource misallocation in manufacturing industries: evidence from China[J]. China Economic Review, 2020,

60：101400.

[57] WEINBERGER A. Markups and misallocation with evidence from exchange rate shocks[J]. Journal of Development Economics, 2020, 146：102494.

[58] SOLOW R M. A contribution to the theory of economic growth[J]. The quarterly Journal of Economics, 1956, 70(1)：65-94.

[59] KRUGMAN P. The myth of Asia's miracle[J]. Foreign Affairs, 1994：62-78.

[60] HALL R E, JONES C I. Why do some countries produce so much more output per worker than others?[J]. The Quarterly Journal of Economics, 1999, 114(1)：83-116.

[61] 蔡昉.中国经济增长如何转向全要素生产率驱动型[J].中国社会科学, 2013(1)：56-71, 206.

[62] 袁礼, 欧阳峣.发展中大国提升全要素生产率的关键[J].中国工业经济, 2018(6)：43-61.

[63] 陈彦斌, 陈伟泽.潜在增速缺口与宏观政策目标重构：兼以中国实践评西方主流宏观理论的缺陷[J].经济研究, 2021, 56(3)：14-31.

[64] SYRQUIN M. Productivity growth and factor reallocation[J]. Industrialization and Growth：A Comparative Study, 1986：228-62.

[65] KENDRICK J W. Productivity trends in the United States[M]. Priceton：Princetion University Press, 1961.

[66] DENISON E F. Sources of economic growth in the United States and the alternatives before us[J]. The Economic Journal, 1962, 72(288)：935-938.

[67] MALMQUIST S. Index numbers and indifference surfaces[J]. Trabajos de Estadística, 1953, 4(2)：209-242.

[68] FÄRE R, GROSSKOPF S, LINDGREN B, et al. Productivity changes in Swedish pharamacies 1980—1989：a non-parametric Malmquist approach[J]. Journal of Productivity Analysis, 1992, 3(1)：85-101.

[69] MANIADAKIS N, THANASSOULIS E. A cost Malmquist productivity index[J]. European Journal of Operational Research, 2004, 154(2)：396-409.

[70] BAILY M N, HULTEN C, CAMPBELL D, et al. Productivity dynamics in manufacturing plants[J]. Brookings Papers on Economic Activity. Microeconomics, 1992：187-267.

[71] GRILLICHES Z, REGEV H. Productivity and firm turnover in Israeli industry[J].

Journal of Econometrics, 1995, 65（175）: 203.

[72] OLLEY S，PAKES A. The Dynamics of productivity in the telecommunications equipment industry[J]. Econometrica, 1996, 64（6）: 1263-1297.

[73] FOSTER L, HALTIWANGER J C, KRIZAN C J. Aggregate productivity growth: lessons from microeconomic evidence[M]//New developments in productivity analysis Chicago: University of Chicago Press, 2001: 303-372.

[74] MELITZ M J, POLANEC S. Dynamic Olley - Pakes productivity decomposition with entry and exit[J]. The Rand Journal of economics, 2015, 46（2）: 362-375.

[75] 陈斌开，金箫，欧阳涤非.住房价格、资源错配与中国工业企业生产率[J].世界经济，2015，38（4）: 77-98.

[76] 陈永伟，胡伟民.价格扭曲、要素错配和效率损失：理论和应用[J].经济学（季刊），2011（4）: 1401-1422.

[77] 袁志刚，解栋栋.中国劳动力错配对TFP的影响分析[J].经济研究，2011，46（7）: 4-17.

[78] BRANDT L, TOMBE T, ZHU X. Factor market distortions across time, space and sectors in China[J]. Review of Economic Dynamics, 2013, 16（1）: 39-58.

[79] 龚关，胡关亮.中国制造业资源配置效率与全要素生产率[J].经济研究，2013，48（4）: 4-15，29.

[80] 邵宜航，步晓宁，张天华.资源配置扭曲与中国工业全要素生产率：基于工业企业数据库再测算[J].中国工业经济，2013（12）: 39-51.

[81] 王林辉，袁礼.资本错配会诱发全要素生产率损失吗[J].统计研究，2014（8）: 11-18.

[82] 刘宗明，吴正倩.中间产品市场扭曲会阻碍能源产业全要素生产率提升吗：基于微观企业数据的理论与实证[J].中国工业经济，2019（8）: 42-60.

[83] 陈汝影，余东华.中间投入品资源错配与制造业全要素生产率[J].产业经济研究，2020（4）: 115-128.

[84] 彭山桂，李敏，王健，等.土地资源错配的全要素生产率损失效应与形成机制[J].中国土地科学，2022，36（8）: 55-65.

[85] 姚毓春，袁礼，董直庆.劳动力与资本错配效应：来自十九个行业的经验证据[J].经济学动态，2014（6）: 69-77.

[86] 马颖，何清，李静.行业间人力资本错配及其对产出的影响[J].中国工业经济，

2018（11）：5-23.

[87] PI J C, CHEN X Y. The impact of capital market distortion on wage inequality, urban unemployment, and welfare in developing countries[J]. International Review of Economics and Finance, 2016, 42: 103-115.

[88] 李旭超，罗德明，金祥荣.资源错置与中国企业规模分布特征[J].中国社会科学，2017，254（2）：25-43，205-206.

[89] 李平，李淑云，杨俊.要素错配、企业存续与全要素生产率[J].南开经济研究，2018，203（5）：155-175.

[90] 李勇刚，罗海艳.土地资源错配阻碍了产业结构升级吗？：来自中国35个大中城市的经验证据[J].财经研究，2017，43（9）：110-121.

[91] 冯扬，昌忠泽，王洋.去工业化、经济增长与区域协调发展：基于土地资源错配的视角[J].经济理论与经济管理，2023，43（1）：30-43.

[92] 陈恭军.土地资源错配、产业结构与雾霾污染：基于空间计量和动态面板门槛模型的实证分析[J].中国软科学，2022，384（12）：143-152.

[93] 薛蕾，邹炀.空间视角下的土地资源错配与雾霾污染：基于成渝地区双城经济圈的实证研究[J].生态经济，2022，38（12）：174-181，190.

[94] 刘小玲，唐卓伟，孙晓华，等.要素错配：解开资源型城市转型困境之谜[J].中国人口·资源与环境，2022，32（10）：88-102.

[95] HU J, ZHANG X, WANG T. Spatial spillover effects of resource misallocation on the green total factor productivity in chinese agriculture[J]. International Journal of Environmental Research and Public Health, 2022, 19（23）: 15718.

[96] 韩超，张伟广，冯展斌.环境规制如何"去"资源错配：基于中国首次约束性污染控制的分析[J].中国工业经济，2017（4）：115-134.

[97] 刘贯春，陈登科，丰超.最低工资标准的资源错配效应及其作用机制分析[J].中国工业经济，2017（7）：62-80.

[98] 孟辉，白雪洁.新兴产业的投资扩张、产品补贴与资源错配[J].数量经济技术经济研究，2017，34（6）：20-36.

[99] 张屹山，胡茜.要素质量、资源错配与全要素生产率分解[J].经济评论，2019（1）：61-74.

[100] 张钟文.资源错配对全要素生产率的影响：基于总产出的核算框架[J].统计研究，2015（12）：22-29.

[101] 白俊红，刘宇英.对外直接投资能否改善中国的资源错配[J].中国工业经济，2018（1）：60-78.

[102] 潘雅茹，高红贵.基础设施投资的资源错配效应研究[J].改革，2019（7）：62-72.

[103] 崔书会，李光勤，豆建民.产业协同集聚的资源错配效应研究[J].统计研究，2019（2）：76-87

[104] 胡本田，王一杰.地方政府行为与经济波动：基于资源错配的中介效应[J].软科学，2020（5）：19-26.

[105] 王颂吉，白永秀.城乡要素错配与中国二元经济结构转化滞后：理论与实证研究[J].中国工业经济，2013（7）：31-43.

[106] 柏培文，杨志才.中国二元经济的要素错配与收入分配格局[J].经济学（季刊），2019（2）：641-662.

[107] 乌云图，陶克涛，彭俊超.产业协同集聚、数字技术支持与资源错配[J].科研管理，2023，44（1）：125-135.

[108] WANG S, ZHAO D, CHEN H. Government corruption, resource misallocation, and ecological efficiency[J]. Energy Economics, 2020, 85: 104573.

[109] 邓富华，沈和斌.进口贸易自由化对制造业资源错配的影响：基于中国加入WTO的自然实验[J].国际经贸探索，2020，36（6）：73-88.

[110] 万里.外商直接投资对我国资源错配的影响研究[D].武汉：中南财经政法大学，2020.

[111] 张驰.中国式分权对区域要素错配影响的实证研究[D].西安：西北大学，2020.

[112] 熊宇航，湛婧宁.自贸试验区的设立对制造业资源错配的改善效应研究[J].软科学，2022，36（9）：57-64.

[113] 阎世平，何晓玲.数字普惠金融的发展能否改善资源错配？[J].金融经济，2022（6）：65-76.

[114] 王靖茹，王红建，吴鼎纹.并购活跃度、全要素生产率与资源错配：来自制造业上市公司的经验证据[J].南开管理评论，2025，28（1）：78-90.

[115] 白俊红，王星媛，卞元超.互联网发展对要素配置扭曲的影响[J].数量经济技术经济研究，2022，39（11）：71-90.

[116] 黄漫宇，王孝行.数字经济、资源错配与企业全要素生产率[J].宏观经济研究，2022（12）：43-53.

[117] 韦庄禹.数字经济发展对制造业企业资源配置效率的影响研究[J].数量经济技术

经济研究, 2022, 39(3): 66-85.

[118] 王军, 张毅, 马骁.数字经济、资源错配与全要素生产率[J].财贸研究, 2022, 33(11): 10-26.

[119] CHEN P. Relationship between the digital economy, resource allocation and corporate carbon emission intensity: new evidence from listed Chinese companies[J]. Environmental Research Communications, 2022, 4(7): 075005.

[120] 李慧泉, 简兆权, 林青宁.数字经济发展能否改善中国资源错配[J].科技进步与对策, 2023, 40(16): 22-31.

[121] WANG S, LI M. Does industrial intelligence improve resource misallocation? An empirical test based on China[J]. Environmental Science and Pollution Research, 2022, 29(51): 77973-77991.

[122] 孔令英, 董依婷, 赵贤.数字经济、资源错配与经济高质量发展: 基于261个城市数据的实证分析[J].中国科技论坛, 2023(5): 123-133.

[123] RESTUCCIA D, ROGERSON R. Misallocation and productivity[J]. Review of Economic Dynamics, 2013, 16(1): 1-10.

[124] 李双杰, 李春琦.全要素能源效率测度方法的修正设计与应用[J].数量经济技术经济研究, 2018, 35(9): 110-125.

[125] 韩瑞栋.资本错配对全要素生产率的影响研究[D].北京: 中央财经大学, 2021.

[126] 张莉, 朱光顺, 李世刚, 等.市场环境、重点产业政策与企业生产率差异[J].管理世界, 2019, 35(3): 114-126.

[127] 宋建, 郑江淮.资本深化、资源配置效率与全要素生产率: 来自小企业的发现[J].经济理论与经济管理, 2020, 351(3): 18-33.

[128] 蔡昉.生产率、新动能与制造业: 中国经济如何提高资源重新配置效率[J].中国工业经济, 2021, 398(5): 5-18.

[129] 蔡昉.中国经济改革效应分析: 劳动力重新配置的视角[J].经济研究, 2017, 52(7): 4-17.

[130] WANG W. Intermediate goods and misallocation in China's manufacturing sector[J]. Job Market Paper, 2017: 23-45.

[131] WEI C, LI C Z. Resource misallocation in Chinese manufacturing enterprises: evidence from firm-level data[J]. Journal of Cleaner Production, 2017, 142: 837-845.

[132] HE L Y, QI X F. Resource misallocation and energy-related pollution[J]. International Journal of Environmental Research and Public Health, 2021, 18（10）: 5158.

[133] CHU X, GENG H, GUO W. How does energy misallocation affect carbon emission efficiency in China? An empirical study based on the spatial econometric model[J]. Sustainability, 2019, 11（7）: 2115.

[134] XIE G, CUI Z, REN S, et al. Pathways to carbon neutrality: how do government corruption and resource misallocation affect carbon emissions?[J]. Environmental Science and Pollution Research, 2023: 1-15.

[135] GILCHRIST S, SIM J W, ZAKRAJŠEK E. Misallocation and financial market frictions: some direct evidence from the dispersion in borrowing costs[J]. Review of Economic Dynamics, 2013, 16（1）: 159-176.

[136] DIAS D A, MARQUES C R, RICHMOND C. Misallocation and productivity in the lead up to the Eurozone crisis[J]. Journal of Macroeconomics, 2016, 49: 46-70.

[137] 戴魁早, 刘友金. 要素市场扭曲与创新效率: 对中国高技术产业发展的经验分析[J]. 经济研究, 2016, 51（7）: 72-86.

[138] 吕承超, 王志阁. 要素资源错配对企业创新的作用机制及实证检验: 基于制造业上市公司的经验分析[J]. 系统工程理论与实践, 2019, 39（5）: 1137-1153.

[139] CHENERY H B, ROBINSON S, SYRQUIN M. Industrialization and growth: a comparative study[M]. Oxford: Oxford University Press, 1986.

[140] BASU S, FERNALD J G. Aggregate productivity and aggregate technology[J]. European Economic Review, 2002, 46（6）: 963-991.

[141] 范剑勇, 冯猛, 李方文. 产业集聚与企业全要素生产率[J]. 世界经济, 2014, 37（5）: 51-73.

[142] 孙晓华, 王昀. 企业规模对生产率及其差异的影响: 来自工业企业微观数据的实证研究[J]. 中国工业经济, 2014（5）: 57-69.

[143] 余淼杰. 中国的贸易自由化与制造业企业生产率[J]. 经济研究, 2010, 45（12）: 97-110.

[144] 崔兴华, 林明裕. FDI如何影响企业的绿色全要素生产率?: 基于Malmquist-Luenberger指数和PSM-DID的实证分析[J]. 经济管理, 2019, 41（3）: 38-55.

[145] 林毅夫, 巫和懋, 邢亦青. "潮涌现象" 与产能过剩的形成机制[J]. 经济研究,

2010，45（10）：4-19.

[146] 干春晖，邹俊，王健.地方官员任期、企业资源获取与产能过剩[J].中国工业经济，2015（3）：44-56.

[147] 徐业坤，马光源.地方官员变更与企业产能过剩[J].经济研究，2019，54（5）：129-145.

[148] NISHIMORI A, Ogawa H. Do firms always choose excess capacity?[J]. Economics Bulletin, 2004, 12（2）：1-7.

[149] BOND S R. Dynamic panel data models：a guide to micro data methods and practice[J]，Portuguese Economic Journal，2022，1（2），141-162.

[150] 阳立高，龚世豪，王铂，等.人力资本、技术进步与制造业升级[J].中国软科学，2018（1）：138-148.

[151] 戴小勇.中国高创新投入与低生产率之谜：资源错配视角的解释[J].世界经济，2021，44（3）：86-109.

[152] 陈钊，熊瑞祥.比较优势与产业政策效果：来自出口加工区准实验的证据[J].管理世界，2015（8）：67-80.

[153] 余明桂，范蕊，钟慧洁.中国产业政策与企业技术创新[J].中国工业经济，2016（12）：5-22.

[154] 中国信息通信研究院.中国数字经济就业发展研究报告：新形态、新模式、新趋势（2021年）[R].2021.

[155] 蔡昉.数字经济时代就业与劳动力市场转型[EB/OL].（2021-06-16）. http：//jer.whu.edu.cn/jjgc/9/2021-06-16/5145.html.

[156] 丛屹，俞伯阳.数字经济对中国劳动力资源配置效率的影响[J].财经理论与实践，2020，41（2）：108-114.

[157] 王玉，张占斌.数字经济、要素配置与区域一体化水平[J].东南学术，2021（5）：129-138.

[158] ACEMOGLU D，RESTREPO P. The race between machine and man：implications of technology for growth，factor shares and employment[R].NBER Working Papers，2016.

[159] ACEMOGLU D，RESTREPO P. The race between man and machine：implications of technology for growth，factor shares，and employment[J]. American Economic Review, 2018, 108（6）：1488-1542.

[160] 周祎庆，杨丹，王琳.数字经济对我国劳动力资源配置的影响：基于机理与实证分析[J].经济问题探索，2022（4）：154-163.

[161] 张海军，黄峰.数字普惠金融、要素流动效率与经济协调发展[J].统计与决策，2023，39（4）：132-137.

[162] 余文涛，吴士炜.互联网平台经济与正在缓解的市场扭曲[J].财贸经济，2020，41（5）：146-160.

[163] 李沁洋，支佳，刘向强.企业数字化转型与资本配置效率[J].统计与信息论坛，2023，38（3）：70-83.

[164] 陈素梅，李晓华.数字经济驱动制造业绿色发展的作用机理[J].企业经济，2022，41（12）：140-150.

[165] 陈冬梅，王俐珍，陈安霓.数字化与战略管理理论：回顾、挑战与展望[J].管理世界，2020，36（5）：20，220-236.

[166] 蔡晓月.熊彼特式创新的经济学分析：创新原域、连接与变迁[M].上海：复旦大学出版社，2009.

[167] 谢光亚，林翚.技术创新[M].长沙：湖南科学技术出版社，2000.

[168] 逄健，朱欣民.国外数字经济发展趋势与数字经济国家发展战略[J].科技进步与对策，2013，30（8）：124-128.

[169] 邓洲.基于产业分工角度的我国数字经济发展优劣势分析[J].经济纵横，2020（4）：67-76.

[170] 李英杰，韩平.中国数字经济发展综合评价与预测[J].统计与决策，2022，38（2）：90-94.

[171] 杨慧梅，江璐.数字经济、空间效应与全要素生产率[J].统计研究，2021，38（4）：3-15.

[172] 邱子迅，周亚虹.数字经济发展与地区全要素生产率：基于国家级大数据综合试验区的分析[J].财经研究，2021，47（7）：4-17.

[173] 丁松，李若瑾.数字经济、资源配置效率与城市高质量发展[J].浙江社会科学，2022（8）：11-21，156.

[174] 祝合良，王春娟.数字经济引领产业高质量发展：理论、机理与路径[J].财经理论与实践，2020，41（5）：2-10.

[175] 李春发，李冬冬，周驰.数字经济驱动制造业转型升级的作用机理：基于产业链视角的分析[J].商业研究，2020（2）：73-82.

[176] 沈运红，黄桁.数字经济水平对制造业产业结构优化升级的影响研究：基于浙江省2008—2017年面板数据[J].科技管理研究，2020，40（3）：147-154.

[177] 李英杰，韩平.数字经济发展对我国产业结构优化升级的影响：基于省级面板数据的实证分析[J].商业经济研究，2021（6）：183-188.

[178] 陈晓东，杨晓霞.数字经济可以实现产业链的最优强度吗?：基于1987—2017年中国投入产出表面板数据[J].南京社会科学，2021（2）：17-26.

[179] 姚战琪.数字经济对我国制造业出口竞争力的影响及其门槛效应[J].改革，2022（2）：61-75.

[180] 何帆，刘红霞.数字经济视角下实体企业数字化变革的业绩提升效应评估[J].改革，2019（4）：137-148.

[181] 赵宸宇.数字化发展与服务化转型：来自制造业上市公司的经验证据[J].南开管理评论，2021，24（2）：149-163.

[182] 倪克金，刘修岩.数字化转型与企业成长：理论逻辑与中国实践[J].经济管理，2021，43（12）：79-97.

[183] 廖信林，曹欣宇，叶青杨.数字经济对制造业高质量发展的影响：以创新与劳动生产效率提高为视角[J].沈阳大学学报（社会科学版），2022，24（3）：250-260.

[184] 张娆，宋丽娟，杨小伟.数字化转型与资本配置效率：基于"两化"融合准自然实验的证据[J].工业技术经济，2022，41（8）：36-45.

[185] 雷光勇，买瑞东，左静静.数字化转型与资本市场效率：基于股价同步性视角[J].证券市场导报，2022（8）：48-59.

[186] 赵宸宇，王文春，李雪松.数字化转型如何影响企业全要素生产率[J].财贸经济，2021，42（7）：114-129.

[187] 许宪春，张美慧.中国数字经济规模测算研究：基于国际比较的视角[J].中国工业经济，2020（5）：23-41.

[188] OJANPERA S，GRAHAM M. The digital knowledge economy index：mapping content production [R]. Fifth IMF Statistical Forum-Measuring the Digital Economy，2017.

[189] BEA. Measuring the digital economy：an update incorporating data from the 2018 comprehensive update of the industry economic accounts [R/OL]. https://www.bea.gov/ system/files/2019-04/digital economy report update April 2019-1.pdf.

[190] ZHAO P F. Measuring digital activities in the Australian economy [EB/OL].（2019-02-27）. https://www.abs.gov.au/statistics/research/measuring-digital-australian-economy.

[191] 韩兆安，赵景峰，吴海珍.中国省际数字经济规模测算、非均衡性与地区差异研究[J].数量经济技术经济研究，2021，38（8）：164-181.

[192] 陈梦根，张鑫.中国数字经济规模测度与生产率分析[J].数量经济技术经济研究，2022，39（1）：3-27.

[193] 蔡跃洲.数字经济的增加值及贡献度测算：历史沿革、理论基础与方法框架[J].求是学刊，2018，45（5）：65-71.

[194] 中国信息通信研究院.中国数字经济发展白皮书（2021年）[R].2021.

[195] 腾讯研究院.中国"互联网+"指数报告（2018）[R].2019.

[196] 蔡跃洲，牛新星.中国数字经济增加值规模测算及结构分析[J].中国社会科学，2021（11）：4-30，204.

[197] 鲜祖德，王天琪.中国数字经济核心产业规模测算与预测[J].统计研究，2022，39（1）：4-14.

[198] 王亚菲，王春云.中国行业层面信息与通信技术资本服务核算[J].统计研究，2017，34（12）：24-36.

[199] 蔡跃洲，张钧南.信息通信技术对中国经济增长的替代效应与渗透效应[J].经济研究，2015，50（12）：100-114.

[200] Richard Stone. Multiple classification in social accounting[J]，Bulletin Institute International Statistical，1962，39，215-231.

[201] KLUMP R，MC ADAM P，WILLMAN A. Factor substitution and factor augmenting technical progress in the United States：a normalized supply-side system approach[J].The R eview of Economics and Statistics，2007，89（1）：183-192.

[202] 雷钦礼，徐家春.技术进步偏向、要素配置偏向与我国TFP的增长[J].统计研究，2015，32（8）：10-16.

[203] 钟世川，毛艳华.数字技术驱动生产率提升的效应识别及特征研究[J].科学学研究，2023，41（4）：643-650.

[204] 蔡延泽，龚新蜀，赵贤.数字经济发展对企业全要素生产率影响的实证检验[J].统计与决策，2022，38（15）：98-103.

[205] 黄星刚，侯宝升，叶似剑，等.数字化转型与企业全要素生产率关系研究：基于资源配置视角的检验[J].价格理论与实践，2022（11）：107-111.

[206] 李海舰，田跃新，李文杰.互联网思维与传统企业再造[J].中国工业经济，2014（10）：135-146.

[207] 戚聿东，肖旭.数字经济时代的企业管理变革[J].管理世界，2020，36（6）：135-152，250.

[208] 沈国兵，袁征宇.企业互联网化对中国企业创新及出口的影响[J].经济研究，2020，55（1）：33-48.

[209] KROMANN L，MALCHOW-MØLLER N，SKAKSEN J R，et al. Automation and productivity：a cross-country，cross-industry comparison[J]. Industrial and Corporate Change，2020，29（2）：265-287.

[210] 肖利平."互联网+"提升了我国装备制造业的全要素生产率吗[J].经济学家，2018，240（12）：38-46.

[211] 杨慧梅，江璐.数字经济、空间效应与全要素生产率[J].统计研究，2021，38（4）：3-15.

[212] 程文先，钱学锋.数字经济与中国工业绿色全要素生产率增长[J].经济问题探索，2021，469（8）：124-140.

[213] 刘平峰，张旺.数字技术如何赋能制造业全要素生产率?[J].科学学研究，2021，39（8）：1396-1406.

[214] 中华人民共和国国家发展和改革委员会.新格局下我国制造业发展迎来新使命[EB/OL].（2021-12-17）.https://www.ndrc.gov.cn/wsdwhfz/202112/t20211217_1308310.html.

[215] 中国产业研究院.新常态下我国产能过剩与短缺并存[EB/OL].（2016-06-15）.https://cidi.sufe.edu.cn/90/68/c2056a36968/page.htm.

[216] DELOITTE. 2021中国制造业创新调查报告[R/OL]. 2021. https://www.deloitte.com/ cn/zh/pages/pages/energy-and-resources/articles/2021-china-manufacturing-innovation-survey-report.html.

[217] HAGEDOORN J，CLOODT M. Measuring innovative performance：is there an advantage in using multiple indicators?[J].Research policy，2002，32（8）：1365-1379.

[218] 朱有为，徐康宁.中国高技术产业研发效率的实证研究[J].中国工业经济，

2006（11）：38-45.

[219] 苏屹，林周周. 区域创新活动的空间效应及影响因素研究[J]. 数量经济技术经济研究，2017（11）：63-80.

[220] 韩兆洲，程学伟. 中国省域R&D投入及创新效率测度分析[J]. 数量经济技术经济研究，2020（5）：98-117.

[221] TONE K, TSUTSUI M. Network DEA: a slacks-based measure approach[J]. European Journal of Operational Research, 2009, 197（1）：243-252.

[222] 余东华，燕玉婷. 环境规制、技术创新与制造业绿色全要素生产率[J]. 城市与环境研究，2022（2）：58-79.

[223] 程虹，许伟. 质量创新："十三五"发展质量提高的重要基础[J]. 宏观质量研究，2015，3（4）：9-21.

[224] 李唐，董一鸣，王泽宇. 管理效率、质量能力与企业全要素生产率：基于"中国企业——劳动力匹配调查"的实证研究[J]. 管理世界，2018，34（7）：86-99，184.

[225] 马兆良，张玉芹. 财政科技支出、全要素生产率与高质量发展[J]. 管理现代化，2023，43（4）：38-47.

[226] 盛付祥，伏开宝，许美玲. 区域科技创新水平与制造业全要素生产率：基于空间面板模型的实证研究[J]. 重庆理工大学学报（自然科学），2023，37（4）：270-276.

[227] 郭南芸，黄典. 企业创新行为、制度环境与工业全要素生产率提升[J]. 首都经济贸易大学学报，2021，23（6）：43-58.

[228] 郭彦彦，吴福象. 专利权行政保护、关键技术创新与企业全要素生产率增长[J]. 经济经纬，2021，38（5）：101-110.

[229] 谭成雪，林秀丽. 社保压力对企业全要素生产率的影响研究：来自 2011 年《社会保险法》实施的证据[J]. 产业经济评论，2022（1）：137-151.

[230] 黄群慧，余泳泽，张松林. 互联网发展与制造业生产率提升：内在机制与中国经验[J]. 中国工业经济，2019（8）：5-23.

[231] 荆文君，孙宝文. 数字经济促进经济高质量发展：一个理论分析框架[J]. 经济学家，2019（2）：66-73.